新思想领航新重庆

新时代美丽中国建设的重庆实践

孙凌宇 ◎ 主编

重庆出版集团 重庆出版社

图书在版编目(CIP)数据

新时代美丽中国建设的重庆实践 / 孙凌宇主编. —重庆：重庆出版社，2024.4
ISBN 978-7-229-17585-6

Ⅰ.①新… Ⅱ.①孙… Ⅲ.①现代化建设—研究—重庆 Ⅳ.①D677.19

中国国家版本馆CIP数据核字(2024)第048598号

新时代美丽中国建设的重庆实践
XINSHIDAI MEILI ZHONGGUO JIANSHE DE CHONGQING SHIJIAN
孙凌宇　主编

责任编辑：李　茜
责任校对：刘　刚
装帧设计：张合涛　李南江

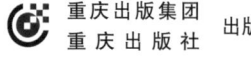
重庆出版集团
重庆出版社 出版

重庆市南岸区南滨路162号1幢　邮政编码：400061　http://www.cqph.com
重庆出版社艺术设计有限公司制版
重庆恒昌印务有限公司印刷
重庆出版集团图书发行有限公司发行
E-MAIL:fxchu@cqph.com　邮购电话：023-61520678
全国新华书店经销

开本：787mm×1092mm　1/16　印张：15.25　字数：200千
2024年4月第1版　2024年4月第1次印刷
ISBN 978-7-229-17585-6
定价：60.00元

如有印装质量问题，请向本集团图书发行有限公司调换：023-61520678

版权所有　侵权必究

前　言

党的十八大以来，以习近平同志为核心的党中央把生态文明建设摆在前所未有的高度，率先把生态环境保护定位为"国之大者"。我国生态文明建设一系列开创性工作，决心之大、力度之大、成效之大前所未有，从理论到实践都发生了历史性、转折性、全局性变化，充分证明了习近平生态文明思想的真理力量和实践伟力。习近平总书记在党的二十大报告中指出，生态环境保护任务依然艰巨，明确了坚定不移走生产发展、生活富裕、生态良好的文明发展道路，到2035年美丽中国目标基本实现。2023年7月，在全国生态环境保护大会上，习近平总书记再一次对美丽中国建设战略作出了部署。

习近平总书记非常关心重庆人民，高度重视重庆发展，在两次亲临视察重庆期间，明确指出重庆要发挥好四个方面的发展优势，即区位优势、生态优势、产业优势和体制优势，要求我们一定要把重庆建设成为山清水秀美丽之地，要坚持"不搞大开发、共抓大保护""生态优先、绿色发展"，把修复长江生态环境摆在压倒性位置，坚决筑牢长江上游重要生态屏障，在推进长江经济带绿色发展中发挥示范作用。习近平总书记亲自谋划、亲自部署、亲自推动的成渝地区双城经济圈建设的四大定位之一"高品质生活宜居地"，清晰地表明了以习近平同志为核心的党中央对重庆生态文明建设的高度重视。习近平总书记的殷殷嘱托为重庆市持续做好生态文明建设工作提供了根本遵循，注入了强大动力。

2023年8月16日，即首个全国生态日的次日，中共重庆市委召开美丽重庆建设大会，立足打造人与自然和谐共生现代化市域范例，对高质效建设美丽重庆进行了系统谋划和工作部署。建设美丽重庆，是深学笃用习近平生态文明思想的内在要求，是落实美丽中国建设战略的实际行动，是把习近平总书记对重庆的殷殷嘱托落地生根开花结果的具体体现，是新时代新征程上建设社会主义现代化新重庆的必然举措。"新时代、新征程、新重庆"的深入推进，在美丽重庆建设方面明显发力，提出了更高要求，也注入了更多动力，还以生态报表、环境问题清单、争先创优赛马比拼工作机制的形式给出了更好贯彻落实习近平生态文明思想的方法论，让广大群众对把重庆建设成为人与自然和谐共生现代化的美丽中国先行区有了坚强信心。

本书围绕美丽重庆建设深入展开，既追求讲透理论，也追求讲清楚重庆的具体实践，着重从两个层面进行研究论述。首先是理论层面，落笔先阐明美丽重庆建设为美丽中国贡献力量，从理论的角度阐述了建设美丽中国必须学深悟透"十个坚持"、学深悟透"十个坚持"的重大意义、从理论体系层面把握美丽中国建设、建设美丽中国要正确处理的五大关系等方面。此外，从制度保障的视角阐述了对习近平生态文明思想的理解，也阐述了重庆高质效建设美丽中国先行区的战略谋划，对重庆探索走出一条生态优先、绿色发展新路子进行了理论思考。中共重庆市委六届二次全会以来，全市坚持把生态文明建设放在加快推进人与自然和谐共生的现代化的宏大场景中进行谋划，坚持以全局谋划一域、以一域服务全局，深入学习贯彻习近平生态文明思想，紧紧围绕习近平总书记殷殷嘱托，坚定不移贯彻绿水青山就是金山银山的理念，坚持走生态优先、绿色发展道路，奋力筑牢长江上游重要生态屏障，合力推动山清水秀美丽之地建设，努力在长江经济带绿色发展中发挥示范作用，打造人与自然和谐共生现代化的市域范例。未来在美丽重庆建设中，还要在高质量发展和高水平保护、重点攻坚和协同治理、自然恢复和人工修复、外部约束和内生动力、"双碳"承诺和自主行动等方面下功夫。

其次是实践层面，主要内容是对具有重庆辨识度的典型实践进行介绍，既有重庆必须完成的"规定动作"，也有不少创新性的"自选动作"。美丽重庆建设点多线长面广，本书对中共重庆市委重点关注的高品质生态环境保护支撑高质量发展、经济绿色转型、生态环境数智化建设、大美城乡建设等方面的发展成效进行了较为细致的整理。另外，对一些重庆的典型案例进行了介绍，如筑牢长江上游生态屏障的代表性做法，在践行绿水青山就是金山银山理念过程中的康养产业发展、小微湿地建设、气候资源的经济转化等，在建立健全生态文明制度体系过程中的公益起诉制度、矿山生态修复和缙云山生态环境综合整治、以产业数字化和数字产业化做深做实碳达峰碳中和工作、充分发挥改革创新试点作用撬动绿色金融功能等。

本书在理论上对美丽重庆建设的根本遵循、制度保障、发展思路、未来导向进行了阐述，在实践上对具有重庆辨识度的典型经验进行整理归纳，以期能够为重庆市建设美丽中国先行区提供参考，也为美丽中国建设目标作出一点智力贡献。

目 录

前 言 1

第一章
美丽中国建设的坚实引领 1

一、建设美丽中国必须学深悟透"十个坚持" 4

二、学深悟透"十个坚持"的重大意义 9

三、从理论体系层面把握美丽中国建设 11

（一）习近平生态文明思想是开放包容的理论体系 12

（二）习近平生态文明思想是中华文化和中国精神的时代精华 13

（三）习近平生态文明思想是马克思主义中国化时代化的
理论体系 13

四、建设美丽中国要正确处理的五大关系 14

第二章
以制度保障美丽中国建设 17

一、制度设计理念维度 19

二、制度实践维度　23

三、制度演进维度　26

第三章
重庆探索闯出生态优先、绿色发展新路子　31

一、"生态优先、绿色发展"重要论述的科学内涵　33

（一）"生态优先、绿色发展"重要论述是长期发展实践的科学总结　33

（二）"生态优先、绿色发展"重要论述形成了一个科学的理论框架　34

二、"生态优先、绿色发展"重要论述的重大意义　38

（一）"生态优先、绿色发展"是对人类社会发展规律认知的极大提升　38

（二）"生态优先、绿色发展"为高质量发展提供了基本遵循　39

（三）"生态优先、绿色发展"是我国引领世界环境治理的有力思想武器　41

三、重庆对生态优先、绿色发展的坚持　42

（一）走好生态优先、绿色发展路，筑牢长江上游生态屏障　42

（二）走好生态优先、绿色发展路，增势赋能推动绿色发展　45

第四章
重庆高质效建设美丽中国先行区的思路　49

一、对标对表谋划美丽重庆建设　51

（一）牢记殷殷嘱托　51

（二）不断提升生态治理水平　54

（三）深入打赢污染防治攻坚战　55

（四）推动经济社会全面绿色转型　56

（五）持续完善生态文明制度体系　57

二、打造人与自然和谐共生现代化的市域范例　59

（一）总体形势　59

（二）主要目标　60

（三）重点任务　61

第五章
进一步推动美丽重庆建设走深走实　65

一、推进高质量发展与高水平保护　67

（一）推动形成绿色生产生活方式　67

（二）坚持生态优先、绿色发展　67

（三）持续改善环境质量，打造绿色家园　68

二、推进重点攻坚和协同治理　69

（一）聚焦深入打好污染防治攻坚战　69

（二）聚焦解决群众身边突出生态环境问题　70

（三）聚焦构建现代环境治理体系　71

三、稳妥处理自然恢复和人工修复的关系　72

（一）推进自然保护地体系建设，加强生物多样性保护　72

（二）优化国土空间格局，守住绿色本底　72

（三）打好长江保护修复攻坚战　73

四、正确处理外部约束和内生动力的关系　74

（一）学深悟透党的二十大精神，强化内生动力　74

（二）做好共抓大保护、不搞大开发　75
（三）强化探索"林长制""河长制"　76

五、切实做好"双碳"工作　78
（一）"双碳"工作实现良好开局　78
（二）低碳产业体系持续优化　78
（三）全面推进节能降耗　79

第六章
高品质生态环境支撑高质量发展的重庆实践　81

一、重庆市经济绿色发展具有较好基础　83
（一）重庆市经济发展现状　84
（二）重庆市生态环境发展现状　85
（三）重庆市经济绿色化发展的基础　86

二、重庆市经济绿色化发展总体成效　90
（一）基于AHP层次分析法的整体成效分析　90
（二）基于碳生产率的整体成效分析　93

三、重庆市经济绿色化发展行业成效　95

四、不断提升生态环境数智化发展水平　100
（一）重庆经济社会环境数字化转型现状　100
（二）当前美丽重庆数智化发展存在的问题　102
（三）进一步提升数智化水平的思路措施　104

第七章
努力筑牢长江上游生态屏障 109

一、构建生态空间新格局 111
（一）优化生态空间布局 111
（二）建立绿色发展管控体系 112
（三）强化生态要素系统防治 113

二、擘画绿色发展新蓝图 114
（一）加快产业结构绿色低碳转型 115
（二）融合生态产业绿色发展方式 117

三、续写美丽生态新画卷 119
（一）环境质量硬实力稳步提升 119
（二）人城山水共筑宜居环境 121

四、推进生态文明制度新探索 122
（一）严格落实主体责任 123
（二）全面推行河长制、林长制 123
（三）创新开展跨省河流联防联控 124
（四）探索多元生态补偿机制 124
（五）健全生态产品价值制度 125

五、充分挖掘绿化新潜力 125
（一）精准提升森林质量 126
（二）适地适树分区造林 127

第八章
重庆城乡大美格局建设状况 129

一、协调发展评价模型 131
（一）指标体系构建 131
（二）实证分析方法 136

二、协调发展评价 139
（一）重庆市生态现代化—新型城镇化—乡村振兴综合评价分析 139
（二）重庆市生态现代化—新型城镇化—乡村振兴耦合协调分析 141
（三）障碍度分析 142

三、基本结论 149

第九章
做深做实碳达峰碳中和工作 151

一、重庆市做深做实碳达峰碳中和工作的重要举措 153
（一）发展制造新模式，制造业智能化绿色化发展 153
（二）调整优化能源结构，区域低碳转型成效显著 154
（三）加强机制体制创新，环境资源市场向纵深发展 155
（四）扎实开展攻坚行动，绿色发展迈出坚实步伐 155

二、重庆市推进碳达峰碳中和工作进展顺利 157
（一）测算方法介绍 158
（二）重庆市二氧化碳排放情况 161

三、亮点工作 165
（一）聚力打造"西部氢谷" 165

（二）加快推进清洁能源站点布局建设　167

第十章
充分发挥绿色金融的功能作用　169

一、全国唯一省级全域绿色金融改革创新试验区　171
（一）重庆绿色金融改革创新试验区的主要目标　171
（二）重庆绿色金融改革创新试验区的主要做法　173

二、充分发挥助力产业转型的资源配置作用　176
（一）重庆绿色金融数字化转型的路径探索　176
（二）重庆绿色金融助力产业生态化转型的路径探索　179

三、充分发挥关键领域的创新服务作用　181
（一）推动碳金融市场发展　181
（二）推动绿色金融开放合作　182
（三）推动成渝地区双城经济圈绿色金融发展　183

第十一章
典型案例　185

一、数字赋能美丽重庆　187
（一）重庆生态环境治理数字化转型现状　187
（二）推进生态环境领域公共基础设施数字化、智能化升级　189
（三）数字赋能重庆生态文明建设的典型案例　190

二、聚力打造成渝地区康养经济新标杆　194
（一）"森林+农业" 生态康养为乡村振兴赋能　194
（二）"森林+工业" 产业康养为绿色经济提速　196

（三）"森林+旅游" 文旅康养为幸福生活加码　197

三、"小微湿地+"成为全国湿地生态保护样板　198
（一）梁平成功入选"国际湿地城市"　198
（二）双桂湖国家湿地公园　199
（三）梁平区猎神村梯塘小微湿地　200

四、气候资源经济转化　202
（一）重庆气候资源利用的进展情况　202
（二）酉阳县：旅游气象带动全域旅游　206

五、生态环境修复及综合整治　207
（一）缙云山生态修复及综合整治　208
（二）秀山聚焦锰污染综合整治　209
（三）渝北区铜锣山矿山公园生态修复　211
（四）国家储备林建设　214

六、具有重庆辨识度的制度构建　216
（一）全面强化河长制　216
（二）有力落实林长制　220
（三）健全生态环境司法保护机制　222

后　记　226

第一章

美丽中国建设的坚实引领

2023年12月27日《中共中央国务院关于全面推进美丽中国建设的意见》发布，指出在"新征程上，必须把美丽中国建设摆在强国建设、民族复兴的突出位置，保持加强生态文明建设的战略定力，坚定不移走生产发展、生活富裕、生态良好的文明发展道路，建设天蓝、地绿、水清的美好家园"[①]。建设生态文明，是关乎中华民族永续发展的根本大计，是党中央高度关注和强调的"国之大者"，功在当代、利在千秋。党的十八大以来，以习近平同志为核心的党中央大力强化对社会主义生态文明建设的全面领导，从谋求中华民族长远发展的战略高度，以全面推进中国式现代化的视角，把生态文明建设摆在了前所未有的高度，并放在全面建设中国特色社会主义事业全局的突出位置，作出了一系列的重大战略部署。在"五位一体"总体布局中，生态文明建设是其中一位；在新时代坚持和发展中国特色社会主义的基本方略和中国式现代化的鲜明特色中，坚持人与自然和谐共生是其中一条；在新发展理念中，绿色发展是其中一项；在坚决打赢三大攻坚战中，污染防治是其中一战；在到本世纪中叶建成社会主义现代化强国目标中，美丽中国是其中一个。

习近平总书记传承中华民族优秀传统生态文化、顺应时代潮流和人民意愿，围绕生态文明建设发表一系列重要论述，深刻回答了为什么建设生态文明、建设什么样的生态文明、怎样建设生态文明等重大理论和实践问题，形成了习近平生态文明思想。习近平生态文明思想是开放包容的思想体系，其来源于人民群众、来源于发展实践、来源于社会生活，有着最为丰厚的源头活水，与马克思主义生态观既一脉相承又有极大创新，葆有先进性、战略性、前瞻性和创造性。我国生态文明建设实现了由重点整治到系统治理、由被动应对到主动作为、由全球环境治理参与者到引领者、由实践探索到

---

① 《中共中央国务院关于全面推进美丽中国建设的意见》，《人民日报》2024年1月12日第1版。

科学理论指导的重大转变，生态环境保护发生历史性、转折性、全局性变化，归根到底是因为有了习近平生态文明思想这一根本遵循、思想武装和行动指南。只有深学细悟笃用习近平生态文明思想，才能更加扎实推进美丽中国建设，才能更好贡献重庆力量。

一、建设美丽中国必须学深悟透"十个坚持"

建设美丽中国，必须坚持以习近平生态文明思想为指导。贯彻习近平生态文明思想，要与深学笃用习近平新时代中国特色社会主义思想一体学习、一体贯通，必须深刻认识、牢牢把握"十个坚持"的科学内涵。

一是坚持党对生态文明建设的全面领导。这是我国生态文明建设的根本保证。2023年7月17—18日，在全国生态环境保护大会上，习近平总书记在讲话中提出一个重大要求，即必须坚持和加强党对生态文明建设的全面领导。生态环境是关系党的使命宗旨的重大政治问题，也是关系民生的重大社会问题，党的全面领导具有"把舵定向"的重大作用。只有坚持党的全面领导，才能使新时代新征程上社会主义生态文明建设一系列重大理论和实践问题得以解答，才能使全面建设美丽中国的重大任务和战略举措得以顺利落实。另一方面，全面加强党的领导，能够促使各级领导干部更加清醒认识到，尽管我国经济社会发展已进入加快绿色化、低碳化的高质量发展阶段，但生态文明建设仍处于压力叠加、负重前行的关键期，从而在生态文明实践中不断提高政治判断力、政治领悟力、政治执行力，时刻心怀"国之大者"，努力当好生态卫士，坚持正确政绩观，严格实行党政同责、一岗双责，从而确保党中央关于生态文明建设的各项决策部署落地见效。

二是坚持生态兴则文明兴。这是我国生态文明建设的历史依据，充分体现了习近平生态文明思想的深邃历史观。纵观人类历史，生态环境是人类生存和发展的根基，生态环境的变化往往以最直接的方式影响文明兴衰演替。习近平总书记深刻指出："生态兴则文明兴，生态衰则文明衰。生态环境是人类生存和发展的根基，生态环境变化直接影响文明兴衰演替。"[1]在新时代新征程上，我们要以史为鉴，深刻理解自然生态和人类文明之间的有机联系和互赖关系，坚定走生产发展、生活富裕、生态良好的文明发展道路，持续探索生态优先、绿色发展的新路子，为中华民族生生不息永续发展打好基础留下根基。

三是坚持人与自然和谐共生。这是我国生态文明建设的基本原则，充分体现了习近平生态文明思想的科学自然观，是新时代坚持和发展中国特色社会主义的基本方略。党的二十大报告明确指出，中国式现代化是人与自然和谐共生的现代化。在2023年7月17—18日召开的全国生态环境保护大会上，习近平总书记强调，要把建设美丽中国摆在强国建设、民族复兴的突出位置，要以高品质生态环境支撑高质量发展，加快推进人与自然和谐共生的现代化，这既是为当代计，也是为万世谋。习近平总书记在此次大会上指出，面对新形势新任务，我们必须处理好高质量发展和高水平保护、重点攻坚和协同治理、自然恢复和人工修复、外部约束和内生动力、"双碳"承诺和自主行动这五大关系，这是我们党对生态文明建设的规律性认识的进一步深化和发展，为以美丽中国建设全面推进人与自然和谐共生的现代化提供了有力的思想武器。人与自然和谐共生的现代化建设是一场持久战，在美丽中国建设的关键时期，必须按照习近平总书记的指示要求，做好"六项重大任务"：持续深入打好

---

[1] 习近平：《论坚持人与自然和谐共生》，中央文献出版社2022年版，第2页。

污染防治攻坚战,加快推动发展方式的绿色低碳转型,着力提升生态系统的多样性、稳定性、持续性,积极稳妥推进碳达峰碳中和,守牢美丽中国建设安全底线,健全美丽中国建设保障体系。

四是坚持绿水青山就是金山银山。这是我国生态文明建设的核心理念,是对绿色发展最接地气的诠释和表达,是对马克思主义生产力理论的丰富与发展,充分体现了习近平生态文明思想的绿色发展观。绿水青山就是金山银山,辩证反映了发展经济不能对自然资源和生态环境滥采乱挖、竭泽而渔,生态环境保护也不能不管不顾经济发展,固守执念缘木求鱼。而且,生态环境上的投入绝不是无效投入和沉没成本,而是能够对经济社会统筹发展高效发展的前瞻性、基础性、战略性投入,是一个具有极高性价比且能够带来美好未来的投入。因此,绿水青山就是金山银山理念自觉成为全党全社会的普遍共识和自觉行动,就能够处理好高质量发展和高水平保护的关系,进而实现经济社会发展和生态环境保护协同共进。

五是坚持良好生态环境是最普惠的民生福祉。这是我国生态文明建设的宗旨要求,充分体现了习近平生态文明思想的基本民生观。习近平总书记指出,"对人的生存来说,金山银山固然重要,但绿水青山是人民幸福生活的重要内容,是金钱不能替代的"[①]。环境就是民生,青山就是美丽,蓝天也是幸福,中国特色社会主义生态文明建设,最基本的着眼点和落脚点就是要让老百姓能够呼吸清洁的空气、喝上干净的水、吃上放心的食品,生活在宜居的环境中。当前,我国生态环境保护已经取得了历史性成就,发生了历史性变化,但其结构性、根源性、趋势性压力和问题尚未在根本上得到缓解,进一步巩固和向好的基础仍不稳固,生态环境质量同广大人民群众对美好生活的期盼相比,同建设美丽中国的目标来比,仍有较大差距。党的二十大及2023年7月召开的全国生态环境保护大

---

① 习近平:《论坚持人与自然和谐共生》,中央文献出版社2022年版,第26—27页。

会，都对持续深入打好污染防治攻坚战进行了部署，继续以实际行动践行着以人民为中心的发展思想，必然能够提供更多更好的良好生态环境这一最公平的公共产品。

六是坚持绿色发展是发展观的深刻革命。这是我国生态文明建设的战略路径。党的二十大报告提出要加快发展方式绿色转型，清晰擘画了新征程上推动经济社会发展绿色化循环化低碳化的系统性战略思路。绿色发展是在传统发展基础上的一种模式创新，是新发展理念不可分割的有机组成部分，是以质量、效率、和谐、持续为目标的发展方式，整个经济活动过程和结果以"绿色化""生态化"作为主要内容和途径。习近平总书记指出，"绿色发展，就其要义来讲，是要解决好人与自然和谐共生问题"[1]，因此全面推动绿色发展是对生产方式、生活方式的极大变革，贯彻新发展理念、实行绿色发展是推动高质量发展的必然要求，是解决污染问题的根本之策。坚持绿色发展是对生产方式、生活方式、思维方式和价值观念的全方位、革命性变革，让绿色决定发展成色。必须把实现减污降碳协同增效作为促进经济社会发展全面绿色转型的总抓手，加快建立健全绿色低碳循环发展经济体系，加快形成绿色发展方式和生活方式。

七是坚持统筹山水林田湖草沙系统治理。这是我国生态文明建设的系统观念，充分体现了习近平生态文明思想的大生态观、整体系统观。习近平总书记指出"山水林田湖草是一个生命共同体……人的命脉在田，田的命脉在水，水的命脉在山，山的命脉在土，土的命脉在林和草，这个生命共同体是人类生存发展的物质基础"[2]，深刻揭示了生态系统的整体性、系统性和内在规律。生态是矛盾统一的、相互依存的、互为影响的自然系统，是复杂交织、紧密联系

---

[1] 习近平：《深入理解新发展理念》，《求是》2019年第10期。
[2]《习近平谈治国理政》第3卷，外文出版社2020年版，第363页。

的有机链条，必须要统筹兼顾、整体施策、多措并举，更加注重综合治理、系统治理、源头治理，构建从山顶到海洋的保护治理大格局，综合运用自然恢复和人工修复两种手段，全方位、全地域、全过程开展生态文明建设，提升生态系统质量和稳定性。

八是坚持用最严格制度最严密法治保护生态环境。这是我国生态文明建设的制度保障，充分体现了习近平生态文明思想的严密法治观。建设生态文明是一场涉及生产方式、生活方式、思维方式和价值观念的革命性变革。实现这样的根本性变革，必须依靠制度和法治。因此，必须按照源头严防、过程严管、后果严惩的思路，建立并发挥制度和法治的引导、规制功能，加快制度创新，强化法治执行，让制度和法治成为刚性的约束和不可触碰的"高压线"，从而为生态优先、绿色发展保驾护航。习近平总书记亲自倡导推动中央生态环保督察，旗帜鲜明表明党中央在生态环境保护上的态度——制度、法律是刚性约束和不可触碰的高压线，有效遏制了环境违法行为多发高发态势。

九是坚持把建设美丽中国转化为全体人民的自觉行动。这是我国生态文明建设的社会力量，充分体现了习近平生态文明思想的全民行动观。当前，生态文明意识已经在全社会普遍形成，应继续加强生态文明理念的宣传教育，进一步增强全民节约意识、环保意识、生态意识，推动形成简约适度、绿色低碳、文明健康的生活方式和消费模式，形成全社会共同建设美丽中国的强大合力。习近平总书记强调："生态文明建设同每个人息息相关，每个人都应该做践行者、推动者。"[1]建设美丽中国是全社会共建共享的伟大事业，环境保护、生态文明必须齐抓共管、人人有责。

十是坚持共谋全球生态文明建设之路。这是我国生态文明建设

---

[1]《推动形成绿色发展方式和生活方式　为人民群众创造良好生产生活环境》，《人民日报》2017年5月28日第1版。

的全球倡议，充分体现了习近平生态文明思想的共赢全球观。习近平总书记曾明确指出，生态环境关系各国人民的福祉。当前，我国已经实现了由全球环境治理参与者到引领者的重大转变，要继续深度参与全球环境治理，推动和引导建立公平合理、合作共赢的全球气候治理体系，保护人类赖以生存的地球家园。全球气候变化等事实证明，生态危机、环境危机已经成为全球挑战，没有哪个国家可以置身事外、独善其身。

二、学深悟透"十个坚持"的重大意义

加强生态文明建设是大势所趋。在人类发展史上特别是近现代以来的工业化进程中，曾出现过多起生态灾难事件，人类遭受到了惨痛的教训。党的十八大以来，人们更深刻感受到了生态环境变化直接影响文明兴衰演替，建设美丽中国是实现中华民族伟大复兴中国梦的重要内容得到了更多人的深切认同，生态环境是人类生存和发展的根基已经成为全社会的共同心声。建设生态文明，关系人民福祉，关乎民族未来，习近平总书记深刻指出："纵观人类文明发展史，生态兴则文明兴，生态衰则文明衰。工业化进程创造了前所未有的物质财富，也产生了难以弥补的生态创伤。杀鸡取卵、竭泽而渔的发展方式走到了尽头，顺应自然、保护生态的绿色发展昭示着未来。"[1]这些都是习近平总书记统揽全局，深刻总结人类文明进步的规律而作出的科学论断。

加强生态文明建设是责任所系。习近平总书记多次强调，生态

---

[1] 习近平：《共谋绿色生活，共建美丽家园——在二〇一九年中国北京世界园艺博览会开幕式上的讲话》，《人民日报》2019年4月29日第2版。

文明建设是关系中华民族永续发展的根本大计。党的十八大以来，生态文明建设被放在全局工作中的突出位置，党中央明确提出把生态文明建设融入经济建设、政治建设、文化建设和政治建设的各方面和全过程。在党的十九大报告中，习近平总书记指出，建设生态文明是中华民族永续发展的千年大计；在2018年5月18日召开的全国生态环境保护大会上，习近平总书记再次指出，生态文明建设是关系中华民族永续发展的根本大计。在2023年7月召开的全国生态环境保护大会上，习近平总书记明确强调建设美丽中国是全面建设社会主义现代化国家的重要目标。这几次大会上，对生态文明建设的定位越来越高，就是因为建设生态文明是新时代实现中国真正强起来不可或缺的重要力量，是功在当代、利在千秋的事业，是党执政兴国的责任所系。

加强生态文明建设是发展所需。习近平总书记对生态文明建设和经济社会发展之间的关系一直都是辩证看待的，在党的二十大报告中，习近平总书记强调指出，"发展是党执政兴国的第一要务"，"以中国式现代化全面推进中华民族伟大复兴"，而中国式现代化的鲜明特色之一就是人与自然和谐共生的现代化，这就要求我们要树立绿水青山就是金山银山的理念，贯彻新发展理念，正确认识到生态环境保护和经济发展不是矛盾对立的关系，而是辩证统一的关系。生态环境保护的成败归根到底取决于经济结构和经济发展方式。发展经济不能对资源和生态环境竭泽而渔，生态环境保护也不是舍弃经济发展而缘木求鱼，要坚持在发展中保护、在保护中发展，实现经济社会发展与人口、资源、环境相协调，使绿水青山产生巨大生态效益、经济效益、社会效益。要按照尊重自然、顺应自然、保护自然的理念，贯彻节约资源和保护环境的基本国策，为子孙后代留下天蓝、地绿、水清的生产生活环境。

加强生态文明建设是问题所迫。我国还处于工业化、城镇化深入发展阶段，产业结构、能源结构、交通运输结构仍具有明显的高污染、高排放特征，结构调整任重道远，统筹发展与保护难度大。在2023年7月召开的全国生态环境保护大会上，习近平总书记指出，我国生态文明建设仍处于压力叠加、负重前行的关键期，生态环境保护结构性、根源性、趋势性压力尚未根本缓解。过去多年的快速发展，积累下来的生态环境问题日益突出，进入高发频发阶段，目前我国经济已由高速增长阶段转向高质量发展阶段，需要跨越一些常规性和非常规性关口。我们必须咬紧牙关，爬过这个坡，迈过这道坎。

加强生态文明建设是民心所向。环境就是民生，青山就是美丽，蓝天也是幸福。习近平总书记指出："生态环境是关系党的使命宗旨的重大政治问题，也是关系民生的重大社会问题。"[①]在社会主要矛盾已经发生转变的大背景下，生态环境在群众生活幸福指数中的地位不断凸显，老百姓过去"盼温饱"现在"盼环保"，过去"求生存"现在"求生态"。只有积极回应人民群众所想、所盼、所急，大力推进生态文明建设，提供更多优质生态产品，才能不断满足人民群众日益增长的优美生态环境需要。

三、从理论体系层面把握美丽中国建设

2023年7月召开的全国生态环境保护大会，习近平总书记的重要讲话体现了习近平生态文明思想的新进展。习近平生态文明思想的科学理论体系是美丽中国建设走深走实的动力源泉。

---

① 《习近平谈治国理政》第3卷，外文出版社2020年版，第359页。

（一）习近平生态文明思想是开放包容的理论体系

从形成过程看，习近平生态文明思想是不断丰富、发展，与时俱进的科学理论。早在20世纪六七十年代，习近平同志在陕北梁家河村插队时，就带领群众植树造林；在河北正定任县委书记时，习近平同志率先提出"宁肯不要钱，也不要污染"的理念；2000年，习近平同志推动编制《福建生态省建设总体规划纲要》，在全国率先探索生态省建设；2005年，他在浙江省湖州市安吉县余村考察时，鲜明提出绿水青山就是金山银山的科学论断；在上海工作时，强调要把环境保护和生态治理放在各项工作的重要位置。

党的十八大以来，以习近平同志为核心的党中央以前所未有的力度狠抓生态文明建设，把生态文明建设摆在党和国家工作全局的重要位置，不断丰富和发展习近平生态文明思想。比如，2016年在长江上游重庆、2018年在中游湖北、2020年在下游江苏，习近平总书记亲自主持召开3次长江经济带发展座谈会，从"推动"到"深入推动"再到"全面推动"，长江经济带"共抓大保护、不搞大开发"不断加强。实践永无止境，理论创新永无止境。2018年5月18日，全国生态环境保护大会正式确立了习近平生态文明思想。2022年10月，党的二十大报告对绿色发展的战略部署，进一步充实了习近平生态文明思想的内涵。2023年7月17日，党中央再次召开全国生态环境保护大会，习近平总书记在大会上的重要讲话，全面总结了新时代我国生态文明建设的"四个重大转变"，深刻阐述了新征程上推进生态文明建设需要处理好的"五个重大关系"，系统部署了全面推进美丽中国建设的"六项重大任务"，突出强调了坚持和加强党对美丽中国建设全面领导的"一个根本要求"，习近平生态文明思想视野更加宽广，内涵更加深刻，体系更加完善，标志着我们党对中国特色社会主义生态文明建设的规律性认识又达到了新的高度，为谱写美丽中国建设新篇章提供了强大思想武器。

（二）习近平生态文明思想是中华文化和中国精神的时代精华

习近平生态文明思想坚持以中华民族优秀传统文化和当代中国伟大实践为源头活水，是中华文化和中国精神的时代精华。一方面，习近平生态文明思想的形成，与中华民族向来尊重自然、热爱自然，以及绵延5000多年的中国文明孕育的生态文化有着密切联系。比如，传统的"天人合一""道法自然"理念都追求人与自然的和谐统一，主张人与自然的亲和关系，这为习近平生态文明思想提供了源头活水。另一方面，习近平生态文明思想深深扎根于当代中国的伟大实践，是实践基础上的理论创新。改革开放以后，党抓住经济建设这个中心，创造出经济快速发展奇迹，但发展不平稳、不协调、不可持续问题依然突出，特别是各类环境污染、生态破坏呈高发态势，成为国土之伤、民生之痛。以习近平同志为核心的党中央深刻认识到，我国已进入新发展阶段，社会主要矛盾已变化，人民期盼高品质的生活、期盼更宜居的环境。如不抓紧扭转生态环境恶化趋势，必将付出极其沉重的代价。为此，在习近平总书记带领下，党中央以巨大的理论勇气和强烈的使命担当，带领全党全国各族人民，推动我国生态环境保护发生历史性、转折性、全局性变化，为持续推进美丽中国建设提供了丰富的实践营养和理论储备。

（三）习近平生态文明思想是马克思主义中国化时代化的理论体系

习近平生态文明思想是马克思主义中国化时代化的最新成果，彰显了中国精神、中国力量、中国智慧，具有五个鲜明特征。一是时代性。这一思想诞生于中国特色社会主义新时代，对我国发展的历史方位有着准确的把握，对我国社会主要矛盾变化有着准确的回应，对我国未来发展战略有着清晰的部署，对生态文明建设的各个阶段性出现的变换有着精准的判断，且不断更新、丰富和拓展，具有鲜明的时代特征。二是科学性。这一思想立足中国生态文明建设具体实际，正确研判各种约束条件和可行路径，又贯穿着马克思主义的立场、观点、方法，是唯物辩证法和自然辩证法的统一，是科学指导生态文明建设实践的方法论。三是开创性。这一思想是我们党在全世界第一次把生态文明建设作为执政理念、国家战略加以推进的指导思想，是以习近平同志为核心的党中央统筹理论创新和实践创新的伟大创举。四是坚定性。这一思想蕴含着我们党加强生态文明建设的战略定力和坚强决心，充分彰显了坚持绿色低碳发展、推进美丽中国建设、实现人与自然和谐共生现代化的坚定意志，充分彰显了走生产发展、生活富裕、生态良好的文明发展之路的强大毅力。五是革命性。贯彻新发展理念是关系我国发展全局的一场深刻变革，其中之一，就是要实现绿色成为发展中的普遍形态。这一思想不是对生态环境保护工作要求的简单汇集，而是标志着从生产方式到生活方式的革命性变革，不断为美丽中国建设走深走实提供科学指南。

四、建设美丽中国要正确处理的五大关系

2023年7月召开的全国生态环境保护大会，习近平总书记发表重要讲话，深刻阐述了新征程上推进生态文明建设需要处理好的"五个重大关系"。这既是实践经验的总结，又是理论概括，蕴含着丰富的价值观和方法论，进一步丰富和发展了习近平生态文明思

想，标志着我们党对生态文明建设的规律性认识又达到了新的高度，为谱写新时代生态文明建设新篇章提供了强大思想武器。

一是处理好高质量发展和高水平保护的关系。高质量发展是高水平保护的目标指向，高水平保护是高质量发展的重要支撑。要站在人与自然和谐共生的高度谋划发展，牢固树立和践行绿水青山就是金山银山的理念，坚决摒弃损害甚至破坏生态环境的发展模式，坚决摒弃以牺牲生态环境换取一时一地经济增长的做法。通过高水平环境保护，不断塑造发展的新动能、新优势，着力构建绿色低碳循环经济体系，有效降低发展的资源环境代价，持续增强发展的潜力和后劲。这既是摆在各级领导干部面前的一个重大考题，也是树立正确政绩观的重要要求。

二是处理好重点攻坚和协同治理的关系。生态环境治理是一项系统工程，保护生态环境必须秉持系统思维、坚持协同治理，既要抓住主要矛盾和矛盾的主要方面，在重点区域、重点领域、关键环节采取有力措施治理突出生态环境问题，以重点突破带动全局工作提升，同时强化目标协同、多污染物控制协同、部门协同、区域协同、政策协同，做足统筹协调的大文章，统筹产业结构调整、污染治理、生态保护、应对气候变化，全方位、全地域、全过程开展生态文明建设。

三是处理好自然恢复和人工修复的关系。强调在尊重客观规律的前提下，发挥主观能动性，积极开展生态修复。自然生态系统是一个有机生命体，有其自身发展演化的客观规律，具有自我调节、自我净化、自我恢复的能力。推进山水林田湖草沙一体化保护和系统治理，必须充分尊重和顺应自然，按照生态系统的内在规律，坚持自然恢复为主，自然恢复和人工修复相结合，因地因时制宜、分区分类施策，努力找到生态保护修复的最佳解决方案，推动生态系统质量和稳定性持续提升。

四是处理好外部约束和内生动力的关系。良好生态环境是最公平的公共产品，从根本上解决生态环境问题，既离不开强有力的外部约束，也要激发全社会共同呵护生态环境的内生动力。这就要求我们始终坚持用最严格制度最严密法治保护生态环境，保持严的基调，强力督察、严格执法、严肃问责，让制度成为不可触碰的高压线，让生态环保法律规定长出"铁齿铜牙"，为生态文明建设筑牢制度基础。同时要让保护者、贡献者得到实惠，弘扬生态文明理念，激发全社会共同呵护生态环境的内在动力。

五是处理好"双碳"承诺和自主行动的关系。碳达峰碳中和是我们对国际社会的庄严承诺，不是别人要我们做，而是我们自己要做。在目标和任务上确定无疑，态度和决心上毫不动摇，行动和策略上积极稳妥。当然，实现"双碳"目标，等不得也急不得，不可能毕其功于一役，决不能搞碳冲锋、运动式减碳。要坚持立足实际国情，集中精力办好自己的事情，牢牢把握"双碳"工作的重点、节奏和力度，坚持稳中求进、逐步实现，既要坚决反对气候变化问题政治工具化，也要积极争取战略主动和于我有利的国际环境。

第二章

以制度保障美丽中国建设

习近平总书记高度重视以完善的制度促进生态文明建设，在党的十九大报告的第九部分以"加快生态文明体制改革，建设美丽中国"为标题进行了专门部署，在党的二十大报告的第十部分"推动绿色发展，促进人与自然和谐共生"中也明确要发挥制度的重要作用。新时代以来，"用制度保护生态环境"已经成为了全党全社会的基本共识。《中共中央国务院关于全面推进美丽中国建设的意见》提出要坚持做到全领域转型、全方位提升、全地域建设、全社会行动，"深化生态文明体制改革，一体推进制度集成、机制创新"[①]。习近平生态文明思想明确提出要坚持用最严格制度最严密法治保护生态环境，明确要求要建立健全生态文明制度体系，为生态文明建设构建起"四梁八柱"。通过对习近平生态文明思想的学习，认真分析生态文明制度体系的基本框架，本章以制度的功能性为切入点，认为该制度顶层的设计体现出以人民为中心的原则，从出发点到落脚点都能反映出人民意愿，制度的实践中对参与主体具有强烈的正向激励和较强的约束性，制度的未来演变趋势能够显著增强国家治理现代化水平。

一、制度设计理念维度

什么样的理念决定了什么样的制度设计思路，制度设计理念上的包容性对后期制度的实践及其演进具有深刻的影响。习近平总书记在党的二十大报告中指出，"大自然是人类赖以生存发展的基本条件"，"必须牢固树立和践行绿水青山就是金山银山的理念，

[①]《中共中央国务院关于全面推进美丽中国建设的意见》，《人民日报》2024年1月12日第1版。

站在人与自然和谐共生的高度谋划发展","推动经济社会发展绿色化、低碳化是实现高质量发展的关键环节"。①这充分反映了经济系统从属于自然生态系统,具有增长性机制的经济系统对生态资源、自然资源需求的无限性,与具有稳定性机制的生态系统对经济系统供给的有限性之间矛盾突出。生态文明建设的制度设计必须着眼于这个矛盾,以具有包容性的制度设计理念来激发广大干部群众投身于生态环境保护的热情和干劲。

一是以美好的共同愿景作为制度设计的引领。党的十八大以来,以习近平同志为核心的党中央在对生态文明制度体系进行设计之初,就一直把建设生态文明作为实现中华民族伟大复兴中国梦的主要内容,而且还有更为具体的愿景。习近平总书记指出:"我国建设社会主义现代化具有许多重要特征,其中之一就是我国现代化是人与自然和谐共生的现代化,注重同步推进物质文明建设和生态文明建设。"②这为全国人民构建了一个非常美好的共同愿景,以此为理念的生态文明制度设计,必将产生极大的驱动力、向心力和凝聚力,激发最广大人民群众和各级领导干部的斗志和为之奋斗的信心和决心。同时,习近平总书记不止一次着重指出"各级党委和政府要担负起生态文明建设的政治责任,坚决做到令行禁止,确保党中央关于生态文明建设各项决策部署落地见效"③,这清晰界定了政府责任,时刻约束着政府必须在非有偏的中性政府轨道上行进,激励着政府要着眼长远和大局,站在人民的立场上,以最广大人民的利益为出发点和归宿点,不断优化行政方法方式和政策工具手段。这样的制度设计理念及以此为基础的制度建设认知,能够使得

---

① 习近平:《高举中国特色社会主义伟大旗帜 为全面建设社会主义现代化国家而团结奋斗——在中国共产党第二十次全国代表大会上的报告》,人民出版社2022年版,第49—50页。
② 习近平:《努力建设人与自然和谐共生的现代化》,《求是》2022年第11期。
③ 《让绿水青山造福人民泽被子孙——习近平总书记关于生态文明建设重要论述综述》,《人民日报》2021年6月3日第1版。

政府和参与生态建设的各级各类组织根据不断变化的外部环境，依据自身的内在条件，使二者保持契合与匹配，从而对一系列制度存量不断优化、纠偏乃至废除，因地制宜因时制宜加入制度增量，使得整体制度体系不断与时俱进，有效地避免生态文明建设制度的内卷化。

二是以更好的经济发展作为制度设计的支撑。一直以来，国内政府和学术界对生态建设与经济发展的关系关注较多，观点也比较多，《中共中央关于党的百年奋斗重大成就和历史经验的决议》指出："生态文明建设是关乎中华民族永续发展的根本大计，保护生态环境就是保护生产力，改善生态环境就是发展生产力，决不以牺牲环境为代价换取一时的经济增长。"在此理念下，在党的二十大报告中明确提出人与自然和谐共生的现代化是中国式现代化的鲜明特色。坚持推进生态文明建设，从本质上讲，就是要树立和践行绿水青山就是金山银山的理念，坚持生态优先、绿色发展，注重生态生产力和社会生产力的融合，从而在自然生态保育和资源环境保护中不断取得经济发展，而不是以破坏自然生态、损害环境为代价换取一时一地的单纯经济绩效增长。从生态文明制度设计理念中可以看出，保护生态环境就是保护生产力及绿水青山就是金山银山的理念，丝毫不是降低对经济发展水平的要求，更不是不要经济发展，而是要在绿色、低碳和循环的正确发展道路上推动更高质量更高效益的经济发展。这样的制度设计理念，其包容性在于，必将极大释放生态系统的多重价值，包括经济价值、生态价值、文化精神价值，从而构建出一种资源节约型、环境友好型、社会和谐型的可持续型科学性发展的经济形态，不但能够做到生活生产相结合，生态与生计兼顾，"绿起来"与"富起来"统筹，而且能做到经济效益、社会效益与生态效益相统一，改善生态与改善民生相平衡。

三是把"最严格"作为制度设计的约束条件。习近平总书记指出："我国生态环境保护中存在的突出问题大多同体制不健全、制度不严格、法治不严密、执行不到位、惩处不得力有关。要加快制度创新，增加制度供给，完善制度配套，强化制度执行，让制度成为刚性的约束和不可触碰的高压线。"①在现实中，对领导干部的责任追究直至终身追究已经渗透到行政管理的各个程序中，对各级领导干部而言都是一个抹不掉的紧箍咒，形成了一种直接的威慑，体现了制度的严格性和严肃性，直接把个别行政领导"有权就任性"的行为方式压了下去。实行最严格的生态保护制度，就必须要调整原有的官员政绩考核方式，按照既往的考核指标，地方上各级领导干部将国内生产总值增长率看成重中之重，这样在责任追究情况下，会造成各级领导干部的无所适从。因此，习近平总书记强调："我们一定要彻底转变观念，就是再也不能以国内生产总值增长率来论英雄了，一定要把生态环境放在经济社会发展评价体系的突出位置。"②一边松绑，一边实施最严格的制度，这样的制度设计理念就是在指挥棒上下功夫，把各级领导干部的行为在生态文明建设的进程中加以规范化，从而促使制度的包容性。从理论上讲，领导干部通过行政体系参与生态保护主要有三种力量，一是被迫，二是自觉，三是自愿。在实践中可以看出，仅靠道德约束的自觉力量是极为有限的，靠行政模式逼迫的力量是不可能持续下去的，只有把利益融合的驱动力量才是最有效的。而把"最严格"作为制度设计的约束条件，并在政绩考核上转变方向，恰恰是充分考虑了领导干部的利益诉求，具有强烈的包容性。

---

① 习近平：《推动我国生态文明建设迈上新台阶》，《求是》2019年第3期。
② 中共中央文献研究室编：《习近平关于社会主义生态文明建设论述摘编》，中央文献出版社2017年版，第99页。

二、制度实践维度

深化生态文明体制改革，把生态文明制度的"四梁八柱"建立起来，把生态文明建设纳入制度化、法治化轨道，是习近平总书记高度关注并大力推动的重点问题。在制度体系建设中，以问题导向、目标导向和战略导向的思维，直指当前存在的四大问题：一是难以落实对地方政府及相关部门的监督责任，二是难以解决地方保护主义对环境监测监察执法的干预，三是难以适应统筹解决跨区域、跨流域环境问题的新要求，四是难以规范和加强地方环保机构队伍建设。直面问题并致力于解决问题，是对人民高度负责的体现，制度建设和执行的法治化是实践中产生正向激励和反向制约的反映，因此习近平生态文明思想在制度实践方面建立长效机制具有包容性。

一是以体制改革作为突破口。作为制度的实践维度，必须首先坚持问题导向。我国生态环境保护的体制机制一直有着诸多不顺畅的地方：各部门因履行自身的行政义务或争取权力最大化而忽视协调性的问题，在惯性思维模式下管理职能上的缺位、越位、错位问题，为在改革中保住、巩固甚至强化部门地位和利益而缺失大局观念的问题等等。习近平总书记一针见血地指出："现行以块为主的地方环保管理体制，使一些地方重发展轻环保、干预环保监测监察执法，使环保责任难以落实，有法不依、执法不严、违法不究现象大量存在。"[1]这些都是不利于生态文明建设的，也是必须要用生态文明制度来加以整改的。作为面向未来全面深化改革的纲领性文件，党的十八届三中全会通过的《中共中央关于全面深化改革若干重大问题的决定》，其中对生态文明制度体系建设的相关表述，究

---

[1] 习近平：《关于〈中共中央关于制定国民经济和社会发展第十三个五年规划的建议〉的说明》，《人民日报》2015年11月4日第2版。

其实质是阐明了在升华了的治国理政新理念基础上，对生态文明体制进行改革和制度重构。生态文明体制改革的一个重大突破是十九大报告中提出的改革生态环境监管体制，设立国有自然资源资产管理和自然生态监管机构。一方面是理顺治理结构问题，包括完善中央和地方的责权划分的结构，政府、市场、公众的力量整合的结构，源头严控、过程严管、后果严惩的结构，清晰化产权、多元化参与、激励不相容之间的结构等。另一方面是管理协调的问题，包括现存的职能交叉问题、综合职能部门和单一职能部门衔接不顺的问题、各职能部门之间协同性弱的问题、区域流域相割裂的问题、陆地与海洋统筹度弱的问题等。中央全面深化改革领导小组把经济体制改革和生态文明体制改革放在了同一个专项小组，体现了生态文明体制改革在实践中的包容性，也体现了在实践中体制改革对生态文明制度的解构和重构的重要作用。

二是以建立健全长效机制为着眼点。生态保护一定要建立长效机制，突破长期以来形成的路径依赖，需要科学地认识和把握当前自然生态保护模式的优缺点，进而有效掌握下一步乃至更长时期的生态环境发展演进规律，拿出有效的生态保护措施，建立一个能够做到"顶天立地"的长效机制。从科学认知的角度来看，就是对生态保护问题的认识要科学，决策要合理，符合自然规律，正如习近平总书记一直以来强调的，要树立尊重自然、顺应自然、保护自然的理念，就是要求大家必须按照生态保护的规律办事。这样，生态保护的组织结构才能更加扁平化，生态保护的行动才能够有条不紊、协调有序。生态问题的变化是缓慢的，同时也是非线性的，原因和结果并不是一一对应的，具有系统性和不确定性，因此一定要科学地探索生态保护的规律，按照客观规律办事，不能根据直觉或仅凭经验去进行生态保护。从实践执行的角度来看，生态保护的综合目标能够循序渐进地实现，把习近平总书记在党的二十大报告中提出的"推动形成绿色低碳的生产方式和生活方式"在生态环境保护领域中顺利落地，并使得自然生态保护地传承优秀文化、保护生态、保障并改善民生的功能有机统一。一个"顶天立地"的生态保护长效机制，从其功能角度来看，能够根据发展阶段的变化和自然保护地的生态特点，尊重客观规律，做到综合筹划，借鉴世界范围内的先进经验，总结和反思原有保护模式的不足，不断突破原有的路径依赖，优化组织结构和资源配置。

三是以激励相容性保证制度不走偏。在机制设计理论中，实施效果好的制度要包含两个方面，一个是参与性条件的满足，另一个是制度本身的激励相容。习近平总书记在党的二十大报告中指出"以国家重点生态功能区、生态保护红线、自然保护地等为重点，加快实施重要生态系统保护和修复重大工程"[1]，这就要求各地区根据国家主体功能区划分，结合自身实际，把中央精神落实到生态文明建设中去，这样就具有区域分工上的激励相容性。其相容性的表现是，通过各类空间类型的严格划分，能够促使各地区积极树立生态导向的创新观念，坚持把经济生态化和生态经济化相结合，在区域内真正形成"经济—社会—生态"相融合的复合系统，大幅度提高对生态保护与经济社会发展的认知水平，把发展的创新聚焦到生态可持续的经济创新、社会创新、体制机制创新和治理创新一体化上来，进而把发展空间划分为人工化的生态空间、半自然的生态空间和全自然的生态空间，把发展中的资本区别为人造资本、自然资本和人力资本三种资本形态，从与别的区域同质化的发展转变到差异化的发展。在人工化的生态空间，充分提高自然资本的经济效率，为生态文明建设提供物质保障；在半自然的生态空间，充分提高混合资本的生产效率，为生态文明建设提供具有经济价值的人工自然资本；在全自然的生态空间，充分提高自然资本的服务效率，

---

[1] 习近平：《高举中国特色社会主义伟大旗帜 为全面建设社会主义现代化国家而团结奋斗——在中国共产党第二十次全国代表大会上的报告》，人民出版社2022年版，第51页。

为生态文明建设提供有生态价值的自然资本服务。在制度的实践中对生态文明建设的参与主体也有极大的激励相容性,当前最重要的参与主体一是地方政府,一是当地居民。以实施重大生态修复工程为契机,政府购买服务机制使政府从公共服务的直接提供者,转变成公共服务的委托者和管理者,使政府工作更具积极性,同时也提高了财政支出效率。从实践来看,中央政府强化了对生态项目生命周期全过程的监督作用,加强了项目实施偏差纠正,地方政府重点加强了对项目实施过程中的各项风险预防与控制,从而确保形成各项目设计合理、实施精细、控制得当的项目管理体制机制。

三、制度演进维度

生态文明制度的建立健全是全面深化改革的重要组成部分,"改革没有完成时,只有进行时",因此生态文明制度是根据变化的情况而不断演进的,但制度作为生态文明建设的常态管理方式不会变化,建立长效机制的努力方向不会变化,制度赖以产生的精神内涵不会变化,在制度演化中"常""长"结合主要体现在未来的生态文明制度更具公平性、民主性和协同性,三者又融合于国家治理现代化水平之中,具有很强的包容性。

一是生态文明制度的公平性。习近平总书记指出,"扭转环境恶化、提高环境质量是广大人民群众的热切期盼"[1]。生态文明一直以来都与经济社会发展联系在一起,并且随着时间推移其关系将更加密切,在越来越高度发达的经济社会发展水平中,也越来越能

---

[1] 中共中央文献研究室编:《习近平关于全面建成小康社会论述摘编》,中央文献出版社2016年版,第178页。

够体现出良好的生态环境是最公平的公共产品，是最普惠的民生福祉，这个理念也是我国生态文明制度制定的出发点和落脚点，因此生态文明制度建设在未来将更好地体现出公平性。公平是未来经济社会发展的基本走向和趋势，是社会事物体现均衡性的表征。以人民为中心的发展思路，意味着未来的生态文明制度将在更大程度更高水平上体现生态环境公平，必然会使人类公平理念在政府制定各类生态环境政策制度上有具体反映，包括反映生态环境权利公平、生态环境机会公平、生态环境分配公平和生态环境人道主义公平等方面。综合来看，中国生态文明建设进入新时代背景下，在生态文明建设新的发展历史方位中，生态文明制度坚实就是要使每一个人都具有平等的生态环境权益，促使每一个公民的生态环境权利责任平等，也要满足每个人对自然生态资源的不同层次的需要和不同的人对自然生态资源的不同层次的需要，从而更有利于发挥每个人的内在潜能。更为重要的是，在国家制定的法律法规中，配置生态资源时或政府分配生态资源时对最广大公众的公平公正。而且，从人道主义的角度看，政府对于弱势群体、弱者，将为其生存发展提供基本的生态环境资源条件。因此生态环境公平的观念极大地丰富了传统公平观的内涵和外延，它可包括代内公平、代际公平、区际公平和种际公平（或物种公平）。生态环境公平理念的形成和发展是生态环境不公平现象的直接反映，是人类追求改变环境不公平、努力实现环境公平的实践活动的结晶，是将来生态环境制度制定的走向之一。

二是生态文明制度的民主性。生态文明在融入政治建设的进程中，逐步凸显其重要性，政治建设越是成熟，生态文明越是能够影响甚至决定政治议题的提出及走向。习近平总书记指出，"从老百姓满意不满意、答应不答应出发，生态环境非常重要"①。民心是最大的政治，对人民负责，自下而上来看，就是顺应人民期待，制定的制度更加反映人民心声，实施更加民主性的管理方式推进生态文明建设。民主是一种很有影响力的理论和思想，在以习近平同志为核心的党中央领导下，我国将致力于建设社会主义民主制度，反映在生态文明建设中，就是要制定更加具有大众民意基础、更加具有全体社会成员共识的生态环境制度。当前，人民群众日益增长的对美好生活的需要，内在地包含了对良好生态产品、加大生态环境话语分量的需要，因此增强生态环境民主理念是生态文明建设事业的内在要求，是公众参与生态环境保护的思想基础，是保障公民生态环境权益的需要，是生态环境保护群众组织及其运动生存、发展和实现其自身价值的需要，所以它对未来的生态环境保护制度完善具有特别重要的意义。生态环境制度中的民主理念，是通过以公众为生态环境保护的主体，集中社会大众的生态保护和建设的共识，通过民主程序来制定和实施，从而体现程序公正，加快奔向生态环境公平的目标。生态环境民主理念普及的必然结果是生态文明制度的民主化、生态环境民主手段的政策化和法律制度化。

三是生态文明制度的协同性。生态文明建设贯穿于国家治理结构的全过程，客观需要对其进行整体性、系统性把握和统筹。习近平总书记深刻指出："要从生态系统整体性和流域系统性出发，追根溯源、系统治疗，防止头痛医头、脚痛医脚。"②生态环境问题的整体性和复杂性决定了未来生态环境制度政策必然要体现有机协同原则。随着生态环境保护与建设工作的不断开展并走向深入，政府必然会越来越深刻地认识到"山水林田湖草是一个生命共同体"

---

① 中共中央文献研究室编：《习近平关于社会主义生态文明建设论述摘编》，中央文献出版社2017年版，第83页。
② 习近平：《论把握新发展阶段、贯彻新发展理念、构建新发展格局》，中央文献出版社2021年版，第440页。

的真实内涵，也会认识到生态文明建设不是一个点的工作，也不是一个线上的工作，亦不是一个面上的工作，而是一个立体型综合性的工作，因此各种生态环境保护与建设必然应体现并表现出协调性和协同性，各类决策应将生态环境、经济、社会、政治、文化等各方面的共同发展协调一致，而不至于顾此失彼。在制定发展战略和生态环境保护政策时，以生态理念为优先，对发展所涉及的各项利益都应当均衡地加以考虑，以平衡与人类发展相关的经济、社会和环境这三大利益的关系。因此，生态环境协同发展原则也是法政策学上利益平衡原则的体现，即各类决策应当考量所涉及的各种利益及其所处的状态，非常概括地阐明了生态环境与经济和社会发展的相互关系。生态文明建设的制度和政策欲达到和谐状态，一个重要的前提是生态环境利益应成为新型法益，然后将此利益与其他利益进行平衡，将生态文明理念纳入经济社会发展全方面和全过程，建立资源节约型和环境友好型社会。

第三章

重庆探索闯出生态优先、绿色发展新路子

生态优先、绿色发展是习近平生态文明思想的重要内容，是习近平总书记对整个长江经济带发展的殷殷嘱托，是美丽重庆建设的行动指南。从2016年到2023年，习近平总书记分别在重庆、武汉、南京、南昌主持召开了事关长江经济带长远发展的座谈会，着重强调"共抓大保护、不搞大开发"的发展原则，明确指出探索生态优先、绿色发展的新路子。这是习近平总书记基于建设美丽中国、实现中华民族永续发展的时代使命，精准把握由工业文明向生态文明发展的客观必然性，深刻总结日益严峻的国际国内生态环境保护和生态环境问题正反两方面的经验教训而作出的科学论断，是对经济社会发展规律认识上的极大提升。重庆深刻领会生态优先、绿色发展的科学内涵，在正确的轨道上不断推进美丽重庆建设。

一、"生态优先、绿色发展"重要论述的科学内涵

（一）"生态优先、绿色发展"重要论述是长期发展实践的科学总结

一方面，"生态优先、绿色发展"是对中国粗放增长实践的深刻反思。改革开放以来，我国经济建设成就令人惊叹，GDP总量由3679亿元增长到2022年的120万亿多元，占世界比重由1.8%上升到18%左右，对全球经济增长贡献率超过30%。但生态问题逐渐成为了我国经济社会发展的短板。以往的发展中，在很大程度上存在着"重速度轻质量""以环境换增长"现象，环境承载力大幅下降，迫切要求中国经济实现生产方式的革命性转变，推行绿色发展，扭

转过去粗放型经济增长方式所造成的自然资源严重消耗的局面，使自然资源、能源得到节约利用和循环利用。保护生态环境就是保护生产力，改善生态环境就是发展生产力。治理生态环境、促进经济与生态共荣、实现人与自然和谐共生是当代中国锲而不舍的奋斗目标。强调"生态优先、绿色发展"，充分体现了习近平总书记对经济发展与生态保护辩证统一关系的深刻认识和正确主张，更是对生态惠民、生态利民、生态为民的生动阐释，是在反思中国经济粗放增长实践的基础上，对人民群众美好生活期待的及时回应。

另一方面，"生态优先、绿色发展"是新时代发展路径的理念革新。中国特色社会主义进入了新时代，以习近平同志为核心的党中央把生态文明建设作为实现中华民族永续发展的根本大计，并明确提出在社会主义建设的"五位一体"总体布局中，生态文明建设要融入经济建设、政治建设、社会建设、文化建设的全过程和各方面，从而使"生态优先、绿色发展"理念在中国特色社会主义建设思路中的地位发生了根本性和历史性的变化。这充分表明，新时代中国特色社会主义的发展目标绝不仅仅是经济总量上的简单增加，还内含人民生活质量的提升、社会结构的优化、生态环境的均衡。在习近平生态文明思想中，将"生态优先、绿色发展"提升到生态政治的高度加以重视，实现了从粗放发展到绿色发展的自我扬弃，发挥有利于"生态优先、绿色发展"的强大动员组织和资源配置能力，规避了资本主义以资本为导向的对生态环境的破坏力量，从而走向社会主义生态文明新时代。

（二）"生态优先、绿色发展"重要论述形成了一个科学的理论框架

其一，形成了以"人与自然和谐共生"为基本准则的科学认识论。"生态优先、绿色发展"阐释了解决好人与自然和谐共生问题

的根本要义。习近平总书记坚持和发展了马克思主义生态观，指出人类社会经历了原始文明、农业文明和工业文明，正处于文明转型的重要拐点，迈向生态文明新时代，这是实现人与自然和谐发展的必由之路。纵观人类文明发展的进程，从石器时代发展到工业文明，人类文明的发展都没有真正实现生态和文明的有机结合，生态和文明被片面地孤立起来，"生态优先、绿色发展"的提出，把生态和文明进行了有效联结。

"生态优先、绿色发展"揭示了生态和文明的共生关系的深层次历史演化。这一论断以马克思主义生态思想为指导，结合中国发展实际，论述了生态和文明在人类发展进步中的交互作用，深刻表明了只有在对象化过程中将生态的人类文明注入到自然中，自然才是生态的，而只有自然环境达到了生态标准，人类才是文明的。"生态优先、绿色发展"基于生产实践辩证地看待人与自然的关系，强调了人是自然的产物，人与自然是有机统一体，与马克思历史唯物主义和辩证唯物主义一脉相承。在自然的客观实在性和历史性的有机融合中，自然生态史与人类文明史不可分割并彼此牵制的过程中，探索实施"生态优先、绿色发展"的新路子，必然能够实现"保护"和"发展"的有机统一。

其二，形成了以绿水青山就是金山银山为实现路径的绿色发展论。"生态优先、绿色发展"是绿水青山就是金山银山理念的生动体现。从宏观看，这一发展理念厘清了生态环境与经济发展的总体关系。生态环境和经济发展的关系是一个非常复杂的问题，西方所谓环境库兹涅茨曲线所表明的二者之间存在"倒 U 形"规律性假说，刻画的只是一种客观现象，而非必然规律。纵观世界各国，步入发达国家行列时都曾经历了"金山银山"与"绿水青山"之间的失衡，但中国的发展并非亦步亦趋，而是走出了一条中国特色社会主义道路，"生态优先、绿色发展"可以实现二者的有机融合，激发经济增长对环境质量的正面效应，从而有效改善环境质量。

从微观看,"生态优先、绿色发展"明确了生态资源的交易属性与价值功能。生态资源的价值体现在有效性和稀缺性上,但由于生态环境和自然资源具有公共物品的外部属性,其本质上不存在交易价值,仅具有使用价值。基于经济与会计核算思维,从理论上明确了生态资源就是资产。第一,生态资源的资源属性和公共物品属性决定了它在作为一种生产资料的同时还具备了生态服务和提供公众精神享受的功能,因此不像一般物品那样归为私有财产的目的物,而是应由国家控制。第二,生态资源不仅能给现代人带来经济利益,还能给后代人带来经济利益。第三,自然资源的所有权归属国家或集体,公民、法人及其他社会组织可依据有偿使用制度取得自然资源使用、收益的权利。第四,生态资源作为生产资料的一种,不仅具有经济价值,还具有生态价值,同时属于经济资源,可以用来交易,具有交易价值。

其三,形成了以"良好生态环境是最普惠的民生福祉"为目标的发展价值观。"生态优先、绿色发展"深刻揭示了生态、民生和发展的关系,强调绿色惠民的发展才是真正的民生福利的基本价值取向,饱含对子孙后代的长远关切,既是对生态环境公共产品属性的准确定位,又是对民生内涵的丰富和拓展。

良好的生态环境是人的自由而全面发展实现的条件与基础。马克思主义认为,幸福是物质生活与精神生活的有机统一体。优良的生态环境有利于人类的身体健康,可以提升人类的幸福指数,而具有高度幸福感的人更倾向于作出利他行为,从而推进社会的和谐和可持续发展。生态文明与民生福祉相互交织,呈现出多层次的复合型关系,生态是民生的保障,民生是生态的价值。良好的生态环境既是保证人民群众身心健康的重要前提,也是提升人民群众生活质量的重要内容。党的十八大以来,习近平总书记把"生态优先、绿色发展"作为重大民生实事紧紧抓在手上,更为全面、深入地将发展与人民群众的根本利益联系起来。

其四，以"山水林田湖草是一个生命共同体"建立生态优先微观基础。"生态优先、绿色发展"着眼"山水林田湖草是一个生命共同体"，树立防、治、保并举的"大生态"建设理念，阐述了系统性发展的方法论，是对马克思唯物辩证法的系统论和整体观的继承和创新，表明了人与自然的相互影响、相互制衡，"生态优先、绿色发展"绝不是"头痛医头、脚痛医脚"。

"生态优先、绿色发展"跳出狭义的生态系统，要求实现生态体系中的各要素之间的非线性相互作用形成整体效应，按照人口资源环境相均衡、经济社会生态效益相统一的原则，科学布局生产空间、生活空间以及生态空间，实现生产空间更集约高效、生活空间更宜居适度、生态空间更山清水秀，达到整体最优的效果。以往发展中，生产空间与生活空间日益扩张，生态空间不断萎缩，导致生产空间和生活空间难以维系，最终影响人们对美好生活的需要。因此，在维护生态空间完整性、系统性、稳定性、多样性的基础上不断扩展生态空间是"生态优先、绿色发展"的重要任务。

其五以"最严格制度最严密法治"构建制度保障。只有实行最严格的制度、最严密的法治，才能为生态文明建设提供可靠保障。实施"生态优先、绿色发展"是一场涉及生产方式、生活方式、思维方式和价值观念的革命性变革，必须依靠制度和法治。因此要加快制度创新，强化法治执行，让制度和法治成为刚性的约束和不可触碰的"高压线"，倒逼落实"生态优先、绿色发展"。当前生态环境保护法治与现实发展要求还存在差距，应该不断修订和完善我国环境保护法治体系，全国各省市也要不断完善规章制度体系，不断推动制度创新，使"生态优先、绿色发展"真正能够"有法可依"。

其六，以"共谋全球生态文明建设"建立全球共赢治理协作框架。"生态优先、绿色发展"既是推动全球生态治理这一全人类面临的共同课题，又是实现可持续发展的共同道路。在全球化体系下，通过转嫁生态环境问题至其他国家或地区以改善国内生态环境的路径是逆生态和非可持续的，实质上加剧了全球生态治理的难度，导致了生态环境问题进一步威胁人类的生存与发展。生态环境问题成为一个超越单个民族、种族、国家利益的全球性问题。我国率先颁布实施《中国落实2030年可持续发展议程国别方案》，在应对气候变化、推动低碳经济发展方面，也一直是积极的参与者、实践者和引领者。"共谋全球生态文明建设"之路正推动全球生态环境治理框架的形成，是习近平总书记持续思考、探索和推动建设人类命运共同体的全球治理理念、重大生态理念。

二、"生态优先、绿色发展"重要论述的重大意义

（一）"生态优先、绿色发展"是对人类社会发展规律认知的极大提升

一是"生态优先、绿色发展"是马克思主义生态思想中国化的新成果。"生态优先、绿色发展"重要论述是习近平总书记从国家政治发展高度对人与自然关系的重新校正，内在地包含了对马克思主义生态生产力理论和人的全面自由解放发展理论的继承和发展，促进了马克思主义生态观的回归。习近平总书记在认真反思和深刻总结过去发展经验教训的基础上，超越生态中心主义和人类中心主义，将被动应对、修补式的生态观变为主动变革、预防式的生态观，把"生态优先、绿色发展"作为新路径，重新回归到马克思主义生态观。从征服自然到尊重自然、顺应自然、保护自然反映了中国共产党对人与自然关系认识的重大转变，更强调了人与自然统一

和谐的一面，承认尊重自然规律是实现人与自然和谐、人与自身和谐的认识前提，从而为人的自由全面发展提供了自然前提，是对中国发展方式的明确校正。

二是"生态优先、绿色发展"是对西方"先（边）污染后（边）治理"思想的扬弃。工业革命以来，西方社会受"人类中心主义"价值观的主导，认为"对自然的否定就是通往幸福之路"，几乎所有西方发达国家都以牺牲环境为代价追求经济的增长，发展以"高投入、高消费、高污染"为特征的工业化，在积累了巨大物质财富的同时，经济与环境的矛盾普遍激化。20世纪中叶，发达国家工业化和城市化中，人口激增、资源短缺、生态退化等问题日益突出，环境污染导致大量人群生病乃至丧生，成为严重的社会问题。20世纪后期，西方发达国家对长期占据主导地位的传统工业文明进行了反思，实施了先污染后治理。虽然以西方发达国家为研究对象的环境经济学对我国的环境保护具有较大的借鉴作用，但并不完全适合中国的环境问题。"生态优先、绿色发展"重要论述，完成了对西方生态理论的扬弃和超越。

（二）"生态优先、绿色发展"为高质量发展提供了基本遵循

一是为新时代高质量发展树立了正确的价值导向。党的二十大报告专门用一章强调了推动绿色发展。"生态优先、绿色发展"已经成为了重庆推进生态文明建设的主旋律。习近平总书记在鲜活的"两山论"重要思想、"绿色GDP"概念以及"保护生态环境就是保护生产力、改善生态环境就是发展生产力"[①]等论断的基础上，提出的"生态优先、绿色发展"把价值导向提到了空前的高度。这一深邃见解从逻辑上扭转了以前经济发展与生态保护之间的对立关

---

① 《习近平谈治国理政》，外文出版社2014年版，第209页。

系，树立了发展的正确价值导向，为实现百姓富、生态美的有机统一奠定了基础。

二是指明了新时代高质量发展是以生态保护为基础的绿色发展。实施高质量发展，其中一个要义就是把"绿色+"融入经济社会发展各方面，同时要优先遵循生态系统的动态平衡规律和自然资源的再生循环规律，为未来的发展提供新标准、新准则和新思路，优先修复生态环境、维护生态功能，保证生态资本的保值增值，将生态环境资源作为经济社会发展的内在要素，优先保护长远的生态效益，利用绿色、循环和低碳发展等手段带来"经济结构优化、生态环境改善、民生建设提升"等长远的生态红利。"生态优先、绿色发展"既有准则，又有路径，能够保障人与自然和谐共生的现代化建成落地。

三是为持续推进生态文明建设规划了具体实践路径。习近平总书记指出，绿色发展是构建高质量现代化经济体系的必然要求，是解决污染问题的根本之策。重点是调整经济结构和能源结构，优化国土空间开发布局，调整区域流域产业布局，培育壮大节能环保产业、清洁生产产业、清洁能源产业，推进资源全面节约和循环利用，实现生产系统和生活系统循环链接，倡导简约适度、绿色低碳的生活方式，反对奢侈浪费和不合理消费。落实好"生态优先、绿色发展"，就要加快建立健全以生态价值观念为准则的生态文化体系，以产业生态化和生态产业化为主体的生态经济体系，以改善生态环境质量为核心的目标责任体系，以治理体系和治理能力现代化为保障的生态文明制度体系，以生态系统良性循环和环境风险有效防控为重点的生态安全体系，以及产权清晰、多元参与、激励约束并重、系统完整的生态文明制度体系。

(三)"生态优先、绿色发展"是我国引领世界环境治理的有力思想武器

一是明确生态环境保护需要全球责任共担。全球环境形势日趋严峻。一方面,一些逆全球化事件标志着右翼国家主义重新强势登场,不利于全球环境治理取得进展。这种逆全球化正在成为全球政治的新潮流,其后果是导致国际治理制度出现危机,尤以美国特朗普政府摆向政治孤立主义为甚,其逃避国际责任,并不断在国际上采取单边主义行动。另一方面,虽然欧盟仍试图发挥积极的引领作用,但其支撑已显乏力态势。地球是人类的共同家园,人类与自然的生命共同体关系决定了全世界人类在生态环境方面的"命运共同体"关系。习近平总书记把中国追求"生态优先、绿色发展"与践行大国责任联系在一起,经过多年努力,中国已经深度参与全球生态环境治理,通过"一带一路"倡议等多边合作机制,形成世界环境保护和可持续发展的解决方案,成为全球生态文明建设的重要参与者、贡献者、引领者。

二是"生态优先、绿色发展"是为全球新发展提供的中国方案。"生态优先、绿色发展"已成为当代世界的发展共识。2016年,联合国环境规划署发布《绿水青山就是金山银山:中国生态文明战略和行动》报告,表明习近平总书记倡导的生态文明理念及实践经验已得到国际认可。以"生态优先、绿色发展"为引领,中国积极参与联合国多边环境公约,已经成为《巴黎协定》的坚定支持者和捍卫者,并不断推进绿色"一带一路"建设、促进南南环境合作,体现了维护多边主义和建立新型国际关系的总体方略,多方面为世界发展提供切实有效的中国方案。

三、重庆对生态优先、绿色发展的坚持

（一）走好生态优先、绿色发展路，筑牢长江上游生态屏障

重庆是长江上游生态屏障的最后一道关口，对保障三峡库区国家战略水资源储备库和承担长江中下游地区生态安全起着重要作用。走好生态优先、绿色发展路，站好筑牢长江上游重要生态屏障岗，是重庆落实好习近平总书记殷殷嘱托的重要体现。

一是从政治站位上把握筑牢长江上游重要生态屏障的重大意义。

坚持生态优先、绿色发展，把修复长江生态环境摆在压倒性位置，是重庆在筑牢长江上游生态屏障中根治"长江病"的有力保证。"'长江病了'，而且病得还不轻"[1]，这是习近平总书记对长江流域生态环境现状的一个基本判断。重庆聚焦"四屏三带多点"生态格局，全面推进长江、嘉陵江、乌江主要支流及不达标河流监测"体检"工作，设置约1200个监测断面，详细掌握流域干支流水质总体情况，开展集中式饮用水水源地整治专项行动，全面完成环境问题整治；指导区县完善"一河一策"编制，系统推进流域污染治理，66个城市集中式饮用水源地水质达标率为100%，有效保障了长江和三峡库区水环境安全。

坚持生态优先、绿色发展，把重庆建设成为山清水秀美丽之地，是重庆在筑牢长江上游生态屏障中展现美丽中国重庆画卷的题中之义。生态屏障是重庆建设山清水秀美丽之地的底色。重庆坚决贯彻"共抓大保护、不搞大开发"方针，切实管住水，着力护好岸，优化沿江港口布局，深化非法码头整治，学好用好"两山论"，走深走实"两化路"，提升绿水青山"颜值"，做大金山银山"价

---

[1] 《习近平论坚持人与自然和谐共生》，中央文献出版社2022年版，第213页。

值",推进生态屏障建设走深走实,着力探索出了一条山水自然之美、人文精神之美、城乡特色之美、产业素质之美的美美与共的发展之路。

坚持生态优先、绿色发展,在推进长江经济带绿色发展中发挥示范作用,是重庆在筑牢长江上游生态屏障中干在实处走在前列的必然作为。发挥好示范作用,必须把习近平总书记提出的"一定要从思想认识和具体行动上来一个根本转变"[①]的要求落到实处。重庆正在发挥政策组合作用,下大决心在加强长江生态环境系统性保护和修复上做好表率,在持续改善长江三峡库区生态环境质量上做好榜样,在探索高质量发展新路子上做好引领,在长江经济带上中下游协同发展上做好带动,在保障长江生态环境安全上做好标杆,在深化和创新生态文明体制机制改革上做好试点。

二是从科学规律上把握筑牢长江上游重要生态屏障的实践路径。在遵守自然规律中筑牢长江上游生态屏障。重庆统筹抓好山水林田湖草系统治理,按照"一岛、两江、三谷、四山"的总体布局,以自然生态的整体性、系统性、协同性和关联性为前提,实施好生态系统治理、矿山地质环境恢复治理、"两江"沿线地质灾害防治、水环境保护和综合治理、国土绿化提升、土地整治与土壤污染修复、生物多样性保护等七大类工程,促使长江上游重庆段发挥好水土资源"固定器"、环境污染"过滤器"、江河流量"调蓄器"、生态风险"缓冲器"等作用。

在遵守经济规律中筑牢长江上游生态屏障。重庆高度重视生态环境这一生产力要素,以高质量发展促进长江生态环境保护保育的高质量。实施以大数据智能化为引领的创新驱动发展战略行动计划,把"绿色+"融入经济社会发展各方面,推动产业智能化、集约化、特色化发展,提高经济发展绿色含量。以供给侧结构性改革

---

① 习近平:《在深入推动长江经济带发展座谈会上的讲话》,《人民日报》2018年6月14日第2版。

为主线，不断提升高端要素集聚和承载水平，坚持传统产业改造提升和新兴产业培育发展"两条腿"走路，严格落实产业禁投清单、工业项目环境准入规定，坚决将"三高"项目挡在门外，切实把生态优势转化为经济优势。

在遵守社会规律中筑牢长江上游生态屏障。重庆统筹抓好全空间、全领域、全要素综合治理，把筑牢生态屏障的要求全面融入城市提升和乡村振兴全过程，着力推进美丽城镇和美丽乡村交相辉映、美丽山川和美丽人居有机融合。重点实施七大工程，持续改善城市环境；主攻五大方向，着力改善农村人居环境，不断彰显"山水之城·美丽之地"城市形象。正确处理保护生态与精准扶贫、保障民生的关系，着力解决"两不愁三保障"突出问题，在发展绿色产业、开展生态搬迁、实施生态保护修复上下功夫，促进生态保护和脱贫攻坚双赢。

三是从制度体系上把握筑牢长江上游重要生态屏障的可靠保障。

首先，持续抓好深化生态文明体制改革。制定生态文明体制改革年度任务推进方案，实施生态环境损害赔偿制度改革，在全市范围试行生态环境损害赔偿制度改革，初步构建生态环境损害赔偿制度体系。出台"无废城市"建设试点工作方案，将主城九区（含两江新区）纳入全国11个"无废城市"建设试点城市。构建环境全民共治体系，构建政府为主导、企业为主体、社会组织和公众共同参与的环境治理体系。深入挖掘长江、嘉陵江、乌江流域自然山水和历史文化"本底"资源，大力探索重庆三峡国家气象公园试点建设。

其次，不断抓好生态环境保护机制优化。开展环境信用评价，完善市级公共信用平台，健全环保信用信息共享等工作机制。推动环境领域市场机制创新，继续深化区域性碳排放权交易试点，实施排污权交易，服务企业同步减污减碳。健全长江流域生态补偿机制，实施市内流域横向生态补偿机制，突出上游出境断面水质恶化的补偿义务。实施重点生态功能区转移支付资金与补偿区县生态环境保护绩效挂钩机制。

再次，探索抓好生态环境保护制度创新。切实推进生态环境保护综合行政执法改革，成立"长江生态检察官办公室"，在运用司法手段系统性立体性保护长江生态环境的综合保护长效制度方面迈出坚实一步。该制度整合了部门污染防治和生态保护执法职责，以检察院辖区内长江干流和支流为纵轴线，围绕水面、水中、水下，以及沿岸林、地、湖、草、水体、库岸生态资源，充分履行生态检察职能，健全了生态环境保护综合执法，实现了保护全覆盖。

（二）走好生态优先、绿色发展路，增势赋能推动绿色发展

重庆立足大城市、大农村、大山区、大库区实际，坚持上游意识，承担上游责任，走好生态优先、绿色发展路，加快从产业结构、空间结构、能源结构、消费方式等方面增势赋能，全面推动绿色发展。

一是深化供给侧结构性改革为绿色发展提供势能。推进供给侧结构性改革是治本良方，推动绿色发展代表了当今科技和产业变革方向，前者为本，后者为道。"君子务本，本立而道生"，势能明显。针对当前重庆汽车、电子信息两大传统支柱产业对工业经济支撑作用持续减弱，大多数传统制造业企业在面临绿色转型升级时都或多或少存在着"不敢转""不愿转""不会转"等问题，重庆按照习近平总书记提出的"推动供给侧结构性改革，在'破'和'立'上同时发力，加快传统产业改造升级，加快发展新兴产业，增强经

济发展新动能"①要求，坚持用足用活"巩固、增强、提升、畅通"八字方针，固本开新求变，把提高供给质量作为主攻方向，把全面深化改革作为根本途径，因地制宜选择发展新兴战略产业，因势利导壮大实体经济，着力推进产业绿色转型升级。不断抓好产业发展加减法，加快培育绿色低碳产业体系，坚决淘汰落后产能和污染企业。以优先发展科技含量高、资源消耗低、环境污染少的项目推动产业生态化，以打好"生态牌"、种好"摇钱树"、做好"水文章"、念好"山字经"，推动生态产业化、产业生态化。

二是推进大数据智能化为绿色发展赋予动能。大数据智能化所代表的新一代信息技术，是加快新旧发展动能接续转换的重要助推，是绿色发展的重要内驱，为经济社会发展注入了新动能。当前，重庆创新势头强劲，但全社会研发投资、创新人才与要素聚集、大数据智能化产业增加值等相比领先地区都有较大差距。重庆坚持按照习近平总书记在致首届中国国际智能产业博览会的贺信中指出的"促进数字经济和实体经济融合发展，加快新旧发展动能接续转换，打造新产业新业态"②的发展路径，坚持以壮士断腕的决心、攻城拔寨的拼劲，破解技术突破、产品制造、市场模式、产业发展"一条龙"转化的瓶颈，推动产业链再造和价值链提升，以信息化、智能化为杠杆培育新动能。既注重用科技创新的办法改造提升传统产业的绿色化水平，又注重把脱胎于大数据智能化新技术的绿色产业培育壮大，以钉钉子精神坚定不移推进大数据智能化发展，久久为功促进大数据智能化与实体经济深度融合发展，充分挖掘大数据商用、政用、民用价值，塑造更多依靠创新驱动、更多发挥先发优势的引领型发展；大力发展数字经济，推动数字产业化、产业数字化，加快国家自主创新示范区、两江协同创新区等建设，

---

① 《坚持新发展理念打好"三大攻坚战" 奋力谱写新时代湖北发展新篇章》，《人民日报》2018年4月29日第1版。
② 《习近平向首届中国国际智能产业博览会致贺信》，《人民日报》2018年8月24日第1版。

高标准办好智博会，推动数字重庆建设走深走实，高水准建设重庆科学城，着力打造国家（西部）科技创新中心。

三是加快城乡融合为绿色发展增加潜能。促进城乡在规划布局、要素配置、产业发展、公共服务、生态保护等方面融合发展，形成以工促农、以城带乡、工农互惠、城乡一体的新型工农城乡关系，是重庆绿色经济重要增长点。截至2022年度，重庆城乡生态空间管控方面还不够好，河道岸线控制利用区和开发利用区占岸线总长度的44%，总体偏高；城乡垃圾再污染的风险依然较大，全市生活垃圾回收利用率低，距离中央对直辖市的要求尚有较大差距。重庆准确认识习近平总书记所强调的"要加快推动城乡融合发展，建立健全城乡一体融合发展的体制机制和政策体系，推动区域协调发展"[1]真正内涵，发挥国家中心城市功能作用，把绿色生态作为最大财富、最大优势、最大品牌，加强城市有机更新，推动大中小城市网络化建设，提升城市宜居宜业宜游水平，建设国际化、绿色化、智能化、人文化现代城市。牢固树立绿水青山就是金山银山理念，坚持生态优先、绿色发展，按照"小康全面不全面，生态环境是关键"的要求，精准落实"五个振兴"，着力推进农村人居环境整治，全面加强综合服务设施建设，推动城乡基本公共服务均等化、基础设施联通化、居民收入均衡化、要素配置合理化、产业发展融合化，实现城乡生态要素及生态资源的价值增值，实现城市让生活更美好，乡村让人们更向往。

---

[1] 《习近平在重庆考察并主持召开解决"两不愁三保障"突出问题座谈会》，《旗帜》2019年第5期。

第四章

重庆高质效建设美丽中国先行区的思路

建设美丽重庆是现代化新重庆建设的重要目标，是重庆最具辨识度、最有标志性的"金名片"。中共重庆市委六届二次全会以来，全市坚持把生态文明建设放在加快推进人与自然和谐共生现代化的宏大场景中进行谋划，坚持以全局谋划一域、以一域服务全局，深入学习贯彻习近平生态文明思想，紧紧围绕习近平总书记殷殷嘱托，坚定不移贯彻绿水青山就是金山银山的理念，坚持走生态优先、绿色发展道路，奋力筑牢长江上游重要生态屏障、合力推动山清水秀美丽之地建设、努力在长江经济带绿色发展中发挥示范作用。

一、对标对表谋划美丽重庆建设

（一）牢记殷殷嘱托

"总书记有号令、党中央有部署，重庆见行动"，建设美丽重庆是践行习近平生态文明思想、落实美丽中国建设战略的实际行动。

一是坚决筑牢长江上游重要生态屏障。2019年4月，习近平总书记视察重庆时指出，重庆是长江上游生态屏障的最后一道关口，对长江中下游地区生态安全承担着不可替代的作用，明确要求重庆筑牢长江上游重要生态屏障。这是习近平总书记基于中华民族永续发展交办给重庆的历史使命。重庆市委、市政府坚决贯彻落实，先后出台《关于推进长江上游生态屏障（重庆段）山水林田湖草生态保护修复工程的实施意见》《重庆市筑牢长江上游重要生态屏障"十四五"建设规划（2021—2025年）》等文件，坚持"共抓大保护、不搞大开发"方针，始终把修复长江生态环境摆在压倒性位置，实施中心城区"两江四岸""清水绿岸""四山"治理提升。2022年底，全市森林覆盖率达到了55%。加强生态文明示范创建引领，创建国家生态文明建设示范区和"两山"实践创新基地11个，广阳岛入选全国生态修复典型案例、成为长江经济带绿色发展示范。加强构建川渝联建联治体系，重庆携手四川，在治水、治气、治废、督察、执法等领域打造了跨省域协作样板，共同守护好美丽的巴山蜀水。重庆严守长江上游生态屏障的最后一道关口，截至2023年底，连续17年未发生重特大突发环境事件。

二是加快建设山清水秀美丽之地。2018年3月，习近平总书记参加全国两会重庆代表团审议时要求重庆加快建设山清水秀美丽之地。这是习近平总书记基于重庆贯彻新发展理念、推动高质量发展给予的目标定位。重庆市委、市政府专门建立领导小组，出台《深入推动长江经济带发展加快建设山清水秀美丽之地的意见》，推出加强自然保护修复、实施污染防治攻坚、加快经济发展动能转换、打造绿色美丽家园、构建绿色发展体制机制等政策举措。全市持续加强生态保护修复和系统治理。深入打好长江保护修复攻坚战，实施重庆三峡库区腹心地带山水林田湖草沙一体化保护和修复工程，持续推进"两岸青山·千里林带"建设，大力开展生物多样性保护行动，全面提升生态系统多样性、稳定性、持续性。持续深入打好碧水保卫战。统筹推进"五水共治"，深化重点流域污染治理，深入推进入河排污口排查整治、农业面源污染防治、工业污染防治、城乡生活污染防治等工作，巩固完善船舶污染"零排放"模式和运行机制，进一步健全化工园区环境风险防范体系。现在，建设山清水秀美丽之地深入人心，已成为全市人民的思想自觉和行动自觉。

三是在长江经济带绿色发展中发挥示范作用。2019年4月，习近平总书记视察重庆时指出，重庆要在推进长江经济带绿色发展中发挥示范作用。同时在2020年1月，习近平总书记主持召开中央财经委员会第六次会议，作出推动成渝地区双城经济圈建设，打造高质量发展重要增长极的重大决策部署；同年10月，习近平总书记在中央政治局会议上审议《成渝地区双城经济圈建设规划纲要》，要求强化长江上游生态大保护，推动两地生态共建和环境共保。这是习近平总书记基于构建新发展格局工作大局给予重庆的工作要求。重庆市委、市政府带领全市群众，强化"上游"意识，担起"上游"责任，体现"上游"水平，先后出台《关于深入推动科技创新支撑引领高质量发展的决定》《关于推动高质量发展的实施意见》《关于高质量创建广阳湾智创生态城的意见》《关于支持西部（重庆）科学城高质量发展的意见》等，把稳增长、调结构、推改革有机结合起来，切实转变发展方式，努力探索一条符合战略定位、体现重庆特色的绿色发展之路。

2020年以来，重庆携手四川强化"上游意识"、共担"上游责任"，将筑牢长江上游生态屏障作为事关长远和全局的重大政治任务来系统抓，积极构建长江上游生态保护大格局，着力推动成渝地区生态环境高水平保护和经济社会高质量发展。截至2023年2月，累计签订落实生态环境保护合作协议近100项，成渝地区生态共建环境共保成势见效，长江上游生态屏障不断筑牢，共同守护好巴山蜀水美丽画卷。一是围绕生态修复强协作。协同落实长江"十年禁渔"，两省市提前完成1.5万余艘渔船、近2.7万名渔民退捕上岸。联动实施"两岸青山·千里林带"建设280余万亩，协同生态修复长江干支流沿岸废弃矿山7000余公顷。二是围绕环境保护聚合力。协同立法加强嘉陵江流域水生态环境保护，建立流域横向生态补偿机制，共同投资20余亿元在铜钵河、琼江等跨界河流实施110余个治理项目。统一重污染天气预警和应急响应标准，开展蓝天联动帮扶6轮次，协同推动两地120家水泥企业精准错峰生产。在全国率先开展跨省域"无废城市"共建，首创危险废物跨省转移"白名单"制度并拓展延伸到云南、贵州，平均审批时限由1个月压缩至5天左右。三是围绕绿色发展谋共赢。共同印发长江经济带发展负面清单实施细则。开展碳达峰碳中和联合行动，协同推动区域能源绿色低碳高质量发展。共建国家级生活垃圾分类及资源化利用示范区县14个，开通跨省城际公交线路19条。

（二）不断提升生态治理水平

重庆不断加快推进生态环境治理理念、思路、机制、方法变革重塑，迭代升级治水、治气、治土、治废、治塑、治山、治岸、治城、治乡等治理体系。习近平总书记指出，生态治理也应该以系统思维考量、以整体观念推进，这样才能顺应生态环保的内在规律，取得生态治理的最优绩效。重庆按照"一岛、两江、三谷、四山"总体布局，进行整体保护、系统修复、综合治理，不断提升生态治理水平。一是以底线思维优化发展空间格局。划定生态保护红线、永久基本农田、城镇开发边界三条控制线，在全国率先发布"三线一单"（生态保护红线、环境质量底线、资源利用上线、环境准入负面清单），把生态环境监管约束落实到国土空间层面。统筹推进生态保护红线评估调整和自然保护地优化整合，出台《关于建立健全"一区两群"协调发展机制的实施意见》，促进各片区彰显特色、绿色发展、协同发展。二是以实施重大行动（工程）提升生态环境质量。推进中心城区"两江四岸""清水绿岸""四山"生态治理，深入实施"两岸青山·千里林带"工程，2021年全市森林覆盖率达54.5%，较2017年提高8.2个百分点，生态系统质量和稳定性明显提升。全面完成长江经济带废弃露天矿山生态修复和长江干线非法码头整治，重庆山水林田湖草工程试点入选中国特色生态修复案例。全面落实长江十年禁渔令，深入开展禁渔打非专项整治行动，非法捕捞得到有效遏制，江河水面基本实现"四清四无"（清船、清网、清江、清湖，无捕捞渔船、无捕捞网具、无捕捞渔民、无捕捞生产）。三是以突出问题整治树牢生态保护意识。按照习近平总书记对自然保护区违建、大棚房、长江非法捕捞、锰污染等突出生态环境问题作出的重要指示批示，重庆全面对照、举一反三，深挖细查、真改实改，高标准、高质量推进缙云山国家级自然保护区生态环境问题综合整治、长江上游珍稀特有鱼类国家级自然保护区、水磨溪县级自然保护区突出生态环境问题整改，取得显著成效。四是以风险防范化解保障生态安全。毫不放松抓好常态化疫情防控工作，实现医疗机构、集中隔离点及设施环境监管服务100%全覆盖，医疗废物废水及时有效收集转运和处理处置100%全覆盖。常年常态开展环境风险排查整治，强化长江干支流沿线环境监管，未发生较大以上突发环境事件，牢牢守住环境安全底线，保障三峡库区环境安全。

（三）深入打赢污染防治攻坚战

污染防治攻坚战是习近平生态文明思想基本民生观的具体实践，把人民群众反映强烈的突出生态环境问题作为重大民生问题，增强广大人民群众的获得感、幸福感、安全感，以生态环境保护实际成效取信于民。重庆市以改善生态环境质量为核心，聚焦问题、分类施策、精准发力。一是打好蓝天保卫战。实施"一区一策"精细管控和空气质量精准预报，强化联动治污、区域协作，重点控制交通、工业、扬尘和生活污染，持续开展冬春季大气污染防治攻坚和夏秋季臭氧污染防控行动，强化重点区域、重点行业、重点源指导帮扶，有效改善区域空气质量。2021年重庆市空气质量优良天数达326天，较2017年增加23天，其中"优"的天数（146天）达历史最好水平，实现"蓝天常驻"。二是打好碧水保卫战。严格落实重庆市总河长令，强化工业、城乡生活水污染治理，长江入河排污口整治深入推进，推动临江河、璧南河、大溪河、龙溪河、梁滩河等河流水质根本好转，48段城市黑臭水体整治成效得到巩固，全市工业集聚区污水集中处理设施、建制乡镇污水处理设施、船舶码头污染物接收设施基本实现全覆盖。2021年长江干流重庆段水质保持为优，74个纳入国家考核断面水质优良比例达98.6%，高于国家考核目标1.3个百分点，排名长江经济带各省市首位，城市集中式饮用水水源地水质达标率为100%，多数昔日"臭水沟"成为群众称赞不绝的"幸福河"。三是打好净土保卫战。持续开展土壤污染风险管控和修复，全市土壤环境质量总体稳定。主要农作物化肥农药使用量持续下降，畜禽粪污综合利用率、秸秆农膜回收利用率居全国前列，农村生活污水治理率在中西部地区排名首位，两个区"农村人居环境整治成效明显"获国务院办公厅表彰通报。率先在全国开展跨省域"无废城市"共建，首创危险废物跨省转移"白名单"制度并拓展延伸至云、贵、川3省，危险废物规范化管理达到A级要求。

（四）推动经济社会全面绿色转型

绿色是永续发展的必要条件，绿色发展是习近平生态文明思想新发展理念的重要组成部分。重庆坚持把"绿色+"融入经济社会发展各方面，推动形成绿色发展方式和生活方式，提升经济社会发展"绿色含量"。一是大力推动节能降碳。重庆市委、市政府把实现减污降碳协同增效作为促进经济社会全面绿色转型的总抓手，抓紧编制碳达峰行动方案，加快推动产业、能源、交通运输、用地"四个结构"调整。坚决遏制高耗能、高排放"两高"项目盲目发展，运用生态环境保护政策措施驱动产业结构调整升级，加快构建绿色低碳循环发展经济体系，开展节能、节水、节地行动，实施重点用能单位"百千万"工程，推进资源循环利用示范基地建设。二是强化产业带动引领。坚持化解产能与产业升级相结合，以新技术、新产业、新业态为核心，充分激发生态资源禀赋产业化的新功能，有力推动数字经济领域改革发展重要先行试点，重庆市数字经济发展已迈入全国第一方阵；大都市、大三峡、大武陵旅游发展升级，2021年文化和旅游产业增加值分别增长8.9%、9.9%；大力发展山地特色高效农业，涪陵榨菜多年保持全国农产品区域公共品牌价值第一位，奉节脐橙、巫山脆李品牌价值分别位列全国橙类、李类品牌第一。三是积极探索生态产品价值实现路径。主动融入全国碳市场，重庆是西部唯一参与全国碳市场联建联维的省市。在全国首创"提高森林覆盖率横向生态补偿机制"，形成以不同地区政府间横向生态补偿为实施主体、以森林覆盖率为指标体系的生态产品价值实现机制，建立重点生态功能区转移支付制度，实现生态服务受益地区与重点生态功能地区"双赢"，相关做法得到自然资源部的肯定并向全国推广。建成全国唯一涵盖碳履约、碳中和与碳普惠的"碳惠通"生态产品价值实现平台，完成渝东北、渝东南首批碳汇类生态产品开发，促成首批生态产品成交。四是大力推动绿色生活方式。重庆市委、市政府加快建立健全以生态价值观念为核心的生态文化体系，深入挖掘绿色文化资源，持续开展生态文明群众创建活动，定期组织开展公众开放活动，创建市级节约型机关、绿色商场，到2025年全市绿色建筑占城镇新建建筑的比例将达到100%，绿色消费、绿色出行等绿色生活方式正成为社会新风尚。

（五）持续完善生态文明制度体系

生态文明建设最终要靠制度来保障。重庆市委、市政府围绕生态文明体制机制建设做了大量工作，取得显著成效。一是深入推动生态环境机构改革。出台《重庆市环保机构监测监察执法垂直管理制度改革实施方案》《重庆市深化环境监测改革提高环境监测数据质量实施方案》，在全国率先启动环保机构垂直管理制度改革，市和区县均组建生态环境局和生态环境综合行政执法队伍，重庆改革试点经验纳入国家总体报告。二是健全生态环境保护责任制度。深入实施河长制改革，在全国率先推行落实市、区县、乡镇（街道）三级"双总河长"制，全面建立市、区县、乡镇（街道）、村（社区）四级河长体系，分级分段设河长1.75万余名，实现"一河一长""一库一长"全覆盖。推动领导干部自然资源资产离任审计改革，相关做法获中央领导批示，相关案例获审计署表彰或纳入审计教学案例，以审计监督推动落实领导干部生态文明建设责任。三是建立生态环境保护督察机制。出台《重庆市生态环境保护督察工作实施办法》，修订市级有关部门生态环境保护责任清单，建立例行督察、专项督察、驻点督察和日常督察"四位一体"督察体系，建立健全"市领导带头督办、市委市政府督查办重点督办、市生态环保督察机构专职督办、市级部门和区县分条块督办"常态化督办机制，创新实行"自查、核查、公示、归档、备案"整改销号"五步法"，在全国率先实现市级部门和市属国有重点企业生态环保督察"两个全覆盖"。四是健全生态环境司法机制。推动环境行政执法与刑事司法机制改革，重庆市公安局成立环境安全保卫总队，检察机关探索建立"长江生态检察官制度"，全市法院在全国率先建立组织机构纵向"全覆盖"和管辖范围横向"全覆盖"的专门化体系。出台《重庆市检察机关公益诉讼案件线索举报奖励办法（试行）》《关于协作加强检察公益诉讼环境损害司法鉴定工作的意见》，畅通群众举报渠道，建立生态环境损害司法鉴定绿色通道。五是深入实施生态环境损害赔偿制度改革。构建以《重庆市生态环境损害赔偿制度改革实施方案》为基础，以赔偿事件报告、损害鉴定评估等系列制度为配套的"1+12"改革制度体系，多个案例入选最高人民法院、司法部、重庆市的典型案例库。

二、打造人与自然和谐共生现代化的市域范例

2023年8月16日，即首个全国生态日的次日，重庆市委召开美丽重庆建设大会，立足打造人与自然和谐共生现代化市域范例，对高质效建设美丽重庆进行了系统谋划和工作部署。重庆市委号召，要持续深学笃用习近平生态文明思想，全力以赴抓好生态文明建设，奋力打造人与自然和谐共生现代化的市域范例。

（一）总体形势

准确把握当前生态文明建设面临的总体形势和存在的主要问题，要以更清醒的头脑精准发力，全面推动把习近平生态文明思想落实落细在重庆大地上。从国际看，当前国际形势复杂多变，全球政治、经济问题与生态环境问题关联密切、深度交织，错综复杂的外部环境带来不少挑战。从国内看，"十四五"时期，我国进入新发展阶段，生态文明建设也进入以降碳为重点战略方向、推动减污降碳协同增效、促进经济社会发展全面绿色转型、实现生态环境质量改善由量变到质变的关键时期。经济形势复杂为生态文明建设带来压力，减污与降碳、城市与农村、PM2.5与臭氧等工作交织，难度和挑战更大，加之疫情、灾情及突发环境事件也带来较大压力。从全市看，重庆产业结构不优，工业基础偏"重"，能源结构偏"煤"，新兴产业发展还不足，经济高质量发展水平有待提升。空气质量改善效果不稳固、区域之间不平衡，生态环境质量改善从量变到质变的拐点还没有到来。水土流失面分布广而散，治理难度大，生态保护修复任务量大。推动生活方式和消费方式向简约适度、绿色低碳、文明健康方向转变还不够，绿色机关、绿色社区等示范创建还需持续用力，全民生态文明意识还需加强。

（二）主要目标

2023年8月16日，重庆市委在美丽重庆建设大会上提出，未来五年，美丽重庆建设全市域、全要素、全过程、全方位的目标体系、工作体系、政策体系和评价体系全面完善，千里长江之美、山清水秀之地、绿色人文之城、生态富民之路更加协同，自然之美、城乡之美、人文之美、和谐之美、生活之美整体跃升，人与自然和谐共生的现代化建设取得实质性进展，在全国的美誉度、影响力持续彰显，长江上游生态屏障全面筑牢。具体体现为：全市域生态环境质量显著提升、城乡大美格局显著提升、绿色低碳发展水平显著提升、生态环境数智化水平显著提升。

一是全市域生态环境质量显著提升。长江干流水质稳定保持Ⅱ类，全域全面消除黑臭水体，园区截污纳管率达到100%。空气质量优良天数稳定在338天左右。PM2.5年平均浓度不超过31微克/米^3。重点建设用地和受污染耕地的安全利用率分别达到100%、93%。森林覆盖率稳定在55%以上，自然保护地占国土面积不低于14.9%，国家重点保护野生动植物物种种数保护率不低于85%。二是城乡大美格局显著提升。美丽都市、美丽县城、美丽城镇、美丽乡村一体建设、系统提升。医疗废物无害化处置率、生活污泥无害化处置率均达到100%，生活垃圾焚烧率达到80%。和美乡村创建达标率达到60%以上。完成109公里"两江四岸"治理和100公里消落区库岸环境治理。三是绿色低碳发展水平显著提升。战略性新兴产业增加值占规模以上工业增加值比重达到36%，碳排放强度降低15%左右，部分领域和行业率先实现碳达峰，减污降碳协同水平成为全国示范。四是生态环境数智化水平显著提升。三级贯通的生态文明建设数智化应用加快开发，生态环境智慧监测能力、智能预警效能大幅提升，生态数据资源实现跨层级、跨地域、跨部门、跨业务协同共享，生态环境地方性法规更加健全，生态文明建设法治、智治、众治"三治融合"体系更加健全，全社会共建共享格局全面形成。

大会还特别强调，在未来五年的目标体系中，必须突出2023年、2025年、2027年三个重要节点，确保在各个阶段取得明显成效。这一系列美好蓝图，有利于动员全市上下统一思想、振奋精神，同心协力建设美丽重庆。

到2035年，全市绿色生产生活方式全面形成，生态环境质量全面达到西部领先、全国前列，生态系统多样性稳定性持续性显著提升，生态环境治理体系和治理能力现代化基本实现，人与自然和谐共生现代化的市域范例全面呈现，高水平美丽重庆基本建成。

（三）重点任务

重庆全市上下将全面贯彻落实党的二十大精神，认真落实重庆市第六次党代会、市委六届二次全会精神，按照美丽重庆建设大会的工作安排，坚持稳中求进工作总基调，强化稳进增效、除险清患、改革求变、惠民有感的工作导向，努力在坚持生态优先、绿色发展上探索新路子，为美丽中国建设贡献重庆力量。

一是着力深化打好蓝天碧水净土保卫战。坚持精准治理、科学治理、系统治理，深化治水、治气、治土的力度、深度、广度，坚决守住巴渝大地的蓝天、碧水、净土。着眼于全市污染防治进入"深入"阶段，落实"三个治污"要求，以更高标准打好蓝天、碧水、净土保卫战以及农业农村污染治理攻坚战的关键环节，在流域综合治理、入河排污口排查整治等方面锻长板，在实现细颗粒物与臭氧治理协同增效上筑底板，在农村环境整治、农业面源污染治理、全市域"无废城市"建设、土壤污染治理等领域搭跳板，稳定实现生态环境质量由量变到质变，更好满足人民群众对"天蓝、水清、土净"美好幸福生活的新期待。

二是着力实施限塑减废协同治理攻坚战。坚持问题导向、着眼长远，全链条全环节推动塑废物治理，守护好人民群众身边的健康环境。围绕工业、农业、建筑、生活、危险废物等五大领域，强化制度、技术、市场、监管、全民行动等五大体系建设，实施强化顶层设计引领、深化源头减量措施、优化收运体系建设、提高资源利用水平等十项重点任务。到2025年，重庆全域"无废城市"建设和成渝地区双城经济圈"无废城市"共建机制基本建立，废弃农膜回收率90%以上，分类收运餐厨垃圾全量资源化利用，原生生活垃圾实现"零填埋"，建筑垃圾规范消纳率达到100%等。到2027年形成一批有重庆辨识度、全国影响力的成果，实现全域"无废城市"、数字化"无废城市"建设全国领先。

三是着力提升城乡风貌整体大美。美丽重庆是美丽都市、美丽县城、美丽城镇、美丽乡村的美美与共。发挥江峡相拥、山环水绕的江城山城优势，统筹城乡风貌提升，挖掘生态环境要素"美丽因子"，着力彰显山水之城、美丽之地的独特魅力。优化城区空间布局，着力打造一批整体风貌协调、地域文化突出、空间体验丰富、功能活力十足的示范区，打造农业高质效、乡村宜居宜业、农民富裕富足的精品活力乡村。实施长江文化保护传承弘扬规划，高质量建设长江国家文化公园（重庆段），推动环境保护与文化旅游深度融合。

四是加强生物多样性保护。重庆地处北纬30度，是全球35个生物多样性热点地区之一。全面实施《重庆市生物多样性保护行动计划（2022—2025年）》，探索从环境治理向生态恢复转变，切实加强生态保护修复，不断增强生态系统内生能力。从生态系统的整体性和长江流域系统性出发，对左岸右岸、上游下游、陆上水上、地表地下等各领域、各方面，进行整体保护、系统修复、综合治理，不断提升生态屏障质量。加强自然保护地和生态保护红线监管，协同推进重要生态系统保护和修复重大工程，完善生物多样性保护体系，防范化解生态环境风险隐患，严守生态环境安全底线。

五是着力打造绿色低碳发展高地。坚持把"双碳"工作纳入生态文明建设整体布局和经济社会发展全局，注重处理好发展与减排、整体与局部、长远目标与短期目标、政府与市场的关系。制定碳达峰碳中和实施意见、碳达峰实施方案，持续调整优化产业、能源、交通、运输、用地"四个结构"，促进经济社会发展全面绿色转型，助力经济健康平稳运行。用好用活生态环境保护法规、政策、标准，充分结合市情，坚决遏制"两高一低"项目盲目发展，全力支持符合高质量发展要求的项目落地，更好服务经济实现质的有效提升和量的合理增长。围绕积极稳妥推进"双碳"构建新格局。推动"1+2+6+N"政策落实，突出打造减污降碳协同增效西部地区示范模式，编制适应气候变化行动方案，深度参与全国碳市场联建联维，培育提升地方碳市场，加强"碳汇通"平台产品开发供给，抓好气候投融资等试点示范，提高经济发展"含绿量"、降低"含碳量"。

六是着力推进生态治理系统重塑。运用数字化技术、思维、手段，对生态环保工作进行数字赋能、业务再造、流程重构、制度重塑，构建多跨协同、量化闭环、系统集成的美丽重庆数字化治理体系。依托数字重庆建设基础设施、数据资源、能力组件，全链条、全视角、全过程推动生态环保领域资源整合、综合集成，打造"数字生态环保大脑"，形成生态环保智能化管控闭环。加快布局建设数字生态环保重大应用，夯实生态环境数据底座。

七是着力健全美丽重庆建设组织领导和保障体系。美丽重庆建设是一项系统工程，必须强化党建统领，统筹各领域各方面资源，汇聚形成强大合力。不断健全生态环境治理的领导责任体系、企业责任体系、全民行动体系，提高生态环境精准治理、科学治理、依法治理能力，健全生态环境治理市场机制，形成导向清晰、决策科学、执行有力、激励有效、多元参与、良性互动的现代生态环境治理保障体系。

第五章

进一步推动美丽重庆建设走深走实

一、推进高质量发展与高水平保护

（一）推动形成绿色生产生活方式

加快构建现代化产业体系，广泛开展生态文明宣传教育和绿色生活行动，推动形成绿色生产生活方式，从源头减少污染。一是深入推进供给侧结构性改革。落实产业禁投清单、工业项目环境准入规定、重点生态功能区产业准入负面清单等产业政策，加快重污染企业搬迁改造或关闭退出，减轻重点生态功能区域环境负荷。持续开展能源、水资源、建设用地总量和强度双控行动。大力开展园区循环化改造，增强园区可持续发展能力。二是着力培育新兴产业。创新大数据智能化应用，促进传统制造业向数字化、网络化、智能化发展。构建新能源汽车、高端装备、新材料、生物医药等战略性新兴产业集群。深化制造业与现代服务业融合，延伸制造业价值链。壮大节能环保、清洁生产、清洁能源等产业。推动农业"接二连三"，加快构建农业绿色发展新格局。打好"三峡、山城、人文、温泉、乡村"五张牌，打造长江三峡国际黄金旅游带。三是积极倡导绿色生活。实施公交优先战略，加快轨道交通建设，完善新能源和清洁能源汽车推广机制，开展绿色交通试点城市创建。加快推进城市垃圾分类处理，推进农村生活垃圾分类示范，深入实施非正规垃圾堆放点排查整治工作。推进绿色建筑示范，进一步扩大绿色建筑强制性标准执行范围。广泛开展绿色家庭、绿色学校、绿色社区和生态文明建设示范区县、乡镇、村社创建活动。

（二）坚持生态优先、绿色发展

时刻紧绷生态环境安全这根弦，坚持抓早、抓小、抓苗头，彻底整治长江生态环境风险隐患，构建严防严控的体制机制，把风险降到最低，把事故控在最少。一是加强沿江企业、项目布局管控。坚决禁止在长江干流及主要支流岸线1公里范围内新建重化工、纺织、造纸等存在污染风险的工业项目和在5公里范围内新布局工业园区。扎实开展岸线利用项目清理整治专项行动，加快主城区"两江四岸"港口及停泊船舶岸线综合治理。二是加强环境风险防范。以石油化工、制浆造纸等行业为重点，扎实开展环境风险排查，提升环境风险全过程管理水平。推进重点风险源突发环境事件风险评估，完善环境污染事故应急预案并定期演练，提高企业环境风险防控意识和应对能力，妥善应对各类突发环境事件。三是协同推进上中下游生态环境联防联控。健全突发环境事件协作处置机制，联合调查处理跨流域（区域）突发环境安全事件，共同查处跨流域（区域）环境违法行为。实施跨省市水体监测网络建设，建立河流监测信息共享机制，形成整体推动长江经济带绿色发展协同联动大格局。

（三）持续改善环境质量，打造绿色家园

统筹"建、治、管、改"，突出抓重点、补短板、强弱项，坚决打赢污染防治攻坚战，不断满足人民日益增长的优美生态环境需要。一是着力打好碧水保卫战，还老百姓清水绿岸、鱼翔浅底。以持续改善长江水质为中心，扎实推进水污染治理、水生态修复、水资源保护"三水共治"。全面深化河长制，认真落实重庆市总河长令，排查整治长江入河排污口，严厉打击偷排偷放等违法违规行为。加强集中式饮用水水源保护区规范化建设，加快工业集聚区污水集中处理设施建设、城市污水处理厂改扩建和提标改造，完善城乡污水收集管网，推动城乡排水厂网一体市场化改革。推进船舶水污染防治，完善联合执法监管制度。强化农村垃圾、污水、畜禽养

殖污染治理，减少农业面源污染。全面完成黑臭水体整治，健全长效机制，防止污染反弹。严格控制重庆市境内河流小水电开发，加强流域水量统一调度。二是坚决打赢蓝天保卫战，还老百姓蓝天白云、繁星闪烁。实行货运车、高排放车辆限行措施，强化船舶和非道路移动机械排气污染防治，淘汰治理柴油车，大力实施清洁油品攻坚行动。深化火电、水泥等重点行业大气污染治理和挥发性有机物专项整治工作，全面开展"散乱污"企业综合整治行动。加强扬尘综合治理，推行建筑工地"红黄绿"名单分级管控制度，严格落实施工扬尘控制"十项规定"。深化餐饮油烟治理，严控露天焚烧和烟花爆竹燃放。三是扎实推进净土保卫战，让老百姓吃得放心、住得安心。加强农用地污染防治，划定耕地土壤环境质量类别，推进受污染耕地治理与修复，实施化肥农药使用减量化。建立污染地块名录及其开发利用负面清单，加强污染地块治理修复，严格风险管控。强化固体废物污染防治，加快一般工业固体废物、危险废物等处置设施建设，实施危险废物规范化精细化管理。开展土壤污染综合防治示范区、国家"无废城市"试点建设。

二、推进重点攻坚和协同治理

（一）聚焦深入打好污染防治攻坚战

2022年，重庆在精准、科学、依法治污上下深功夫，打表推进污染防治攻坚战299项重点任务落地落实。深入打好碧水保卫战，工业、生活、农业面源等污染治理协同强化，入河排污口排查整治、污水治理基础设施补短板等扎实推进，梁滩河等河流水质根本好转，城市集中式饮用水水源地水质达标率保持100%，全国人大常委会执法检查组肯定重庆市依法治江管水取得显著成效。深入打好蓝天保卫战，深化细颗粒物和臭氧协同防控，强化"一区一点一策"精细管控，修订实施重污染天气应急预案，淘汰老旧车、推广纯电动车、划定高污染燃料禁燃区"十四五"任务基本完成，实现连续3年评价空气质量6项指标100%达标、连续5年无重污染天气。深入打好净土保卫战，完成建设用地土壤污染状况调查321块、污染地块修复19块，提供净地面积2490亩，重点建设用地安全利用有效保障，受污染耕地安全利用率达到国家要求；实施全市域"无废城市"建设，危险废物环境监管、利用处置、环境风险防范"三个能力"不断提升，尾矿库环境风险有效管控。深入打好农业农村污染治理攻坚战，入选全国农村黑臭水体治理试点，完成330个行政村（社）环境整治和41条农村黑臭水体治理，农村人居环境有效改善。

（二）聚焦解决群众身边突出生态环境问题

持续深化督察整改，截至2022年，两轮次中央生态环保督察214项整改任务已完成211项，交办的5687件群众举报总体办结率为100%，四年度长江经济带生态环境警示片37个问题已整改32个，锰污染治理、主城排水系统溢流整治、铁峰山违建拆除等重大事项攻坚成效明显，14个整改正面典型案例在中央媒体宣传推介，群众获得感和满意度有效提升。切实保障生态环境安全，率先建立省级生态环境部门安全生产工作集体领导机制、领导班子环境安全责任清单，系统构建预案管理、风险排查整治、应急响应处置、案例复盘警示等工作体系，截至2022年，连续两年实现突发事件响应数、突发环境事件处置数"双下降"，连续16年未发生重特大突发环境事件。有力保障核与辐射安全，重庆市在用2053枚放射源和5827台射线装置安全可控，未发生核与辐射事故。守住疫情防控最后一道关口，做到医疗废物、废水处理处置监管和服务"两个100%"，安全处置医疗废物5.88万吨，特别是全力处置疫情歼灭战期间医疗废物2万余吨，有力守护生命健康安全。

（三）聚焦构建现代环境治理体系

截至2022年，重庆市生态文明体制改革34项年度任务有效落实，获各方面肯定报道百余次。强化法治保障，修正《重庆市环境保护条例》，推进土壤、固废领域地方立法和噪声污染防治办法修订，率先启动生态环境损害惩罚性赔偿试点；执法效能不断提升，连续5年获生态环境执法大练兵省级表现突出集体称号。聚力推进科技创新和数字化转型，中国环科院西南分院（首个区域分院）在渝落地，布局生态环境科技创新基地一期、绿色智能环保技术与装备技术创新中心等；生态环境大数据平台建设成果获评"全国党政信息化最佳实践案例"、中国地理信息科技进步二等奖等多项荣誉。积极创新环境治理模式，北碚区、沙坪坝区生态环境导向的开发（EOD）模式项目入选第二批国家试点，新增储备5个区EOD模式项目。大力培育生态环境文化，市级及以上主流媒体宣传报道1500余篇，"六五"环境日等主题宣传有声有色，环境宣传教育体系不断健全，全社会公众生态环保理念意识持续涵养提升。

三、稳妥处理自然恢复和人工修复的关系

（一）推进自然保护地体系建设，加强生物多样性保护

成立工作专班加快神农架国家公园（重庆片区）创建工作，设立方案等技术材料已报国家林草局并通过专家评审。包括风景名胜区在内的自然保护地整合优化预案已报国家林草局，数据成果通过初步审查并锁定。加快推进自然保护地人类活动问题整改，完成中央巡视反馈涉林问题整改任务，缙云山、五里坡、铁峰山等问题整改全面完成并启动销号程序，中央环保督察反馈问题整改达到序时进度。完成《重庆市风景名胜区条例》集中修正，在自然保护地等区域建立司法协同保护基地。以"湿地+"方式探索小微湿地与环境治理、生态旅游等结合，梁平区竹山镇梦溪湉园梯塘小微湿地生态修复案例入选中国履行湿地公约30周年成就展。

印发《重庆市生物多样性保护林业重点工程实施方案（2022—2025年）》，市域特有保护植物崖柏2022年移栽原生境12万株，保护成效被《人民日报》长篇刊载。制定野生动物致害补偿办法，修订市重点保护野生动植物名录，印发县域陆生野生动植物调查技术指南。简化审批手续核发狩猎许可，试点野生动物致害保险、生态补偿，野猪致害现象得到有效遏制。推进林草系统外来入侵物种普查治理，实施陆生野生动物疫源疫病主动监测，印发涉林生物安全风险防控方案。

（二）优化国土空间格局，守住绿色本底

立足重庆山环水绕、江峡相拥的自然本底特点，紧扣新时代推进西部大开发新格局，以新的理念、新的标准做好国土空间规划。

一是科学谋划空间布局。开展资源环境承载能力和国土空间开发适宜性评价,科学划定生态保护红线、永久基本农田和城镇开发边界三条控制线。统筹生产、生活、生态三大空间,构建"大山大江大城大美"总体格局,使开发活动与资源环境承载能力相匹配,城市功能与山水人文特色交相辉映,小城镇与乡村和谐共生,实现集约、高效、绿色发展。二是强化生态空间保护。划定长江、嘉陵江、乌江生态控制线,保护好三大水系生态涵养带。建设大巴山、华蓥山、武陵山、大娄山四大山系生态屏障,发挥水土保持、水源涵养、生物多样性维护等生态功能。构建以国家公园为主体的自然保护地体系,全面开展生态保护红线勘界定标,严格控制自然保护区规划调整。严格管控红线区域内的开发建设活动,坚决查处各类保护地内违法行为。三是做好留白增绿文章。树立尊重自然、顺应自然、保护自然的理念,充分发挥自然本底的生态景观价值,加强城市建设与自然景观的有机结合,打造显山露水、人文荟萃的立体城市。实施"城美山青"工程,构建结构合理、分布均匀、游憩便利的城市绿地系统,整治主城区裸露边坡,立体绿化美化城市。全面保护长江流域生态岛链,构建蓝绿交织、清新明亮、山水共融的生态城市格局。

(三)打好长江保护修复攻坚战

聚焦"山上""水里""岸上""岸边",统筹山水林田湖草系统治理,着力展现重庆壮美自然风光。一是大力推进国土绿化提升行动。通过退耕还林、人工造林、发展特色经济林、城市绿化等多种途径,进一步增加森林数量。加强森林抚育和低效林改造,培育健康稳定优质高效森林,进一步提高森林质量。严格管理森林采伐限额和采伐许可,全面停止天然林商业性采伐,全力防控森林火灾、病虫害等林业灾害,切实加强森林资源管护。开展退耕还湿、退养还滩，加强现有湿地公园保护，确保湿地面积不减少。二是加强生态退化区域治理。开展历史遗留矿山、关闭矿山地质环境治理恢复与土地复垦，有序退出各类保护地矿业权和长江、嘉陵江、乌江干流沿岸1公里及第一山脊范围内的非煤矿山；加强尾矿治理，推进绿色矿山建设。严格落实建设项目水土保持"三同时"制度，遏制水土流失增量，实施坡耕地水土流失综合治理工程和国家水土保持重点工程，减少水土流失存量，降低土壤侵蚀强度。强化岩溶石漠化、消落区综合治理。三是实施一批生态保护修复重大工程。编制《重庆市重要生态系统保护和修复重大工程实施规划》。深化三峡库区后续工作，实施国家山水林田湖草生态保护修复工程试点。扎实推进广阳岛片区全国绿色发展示范区建设，将广阳岛建设成为"长江风景眼、重庆生态岛"和"两点"的承载地、"两地"的展示地、"两高"的重要体验地。大力开展"四山"地区综合整治，制定综合管控技术标准，做好减量、增绿、留白、整容文章。将主城区"两江四岸"打造成"山水之城·美丽之地"城市品牌的典范，建设"山城步道"生态廊道，实施"清水绿岸"工程，使"山、水、城、桥"相互辉映的美景成为重庆城市名片。

四、正确处理外部约束和内生动力的关系

（一）学深悟透党的二十大精神，强化内生动力

重庆市各个生态文明建设相关单位坚持把学习宣传贯彻党的二十大精神作为首要政治任务，始终牢记生态环境保护这个"国之大者"，自觉做习近平生态文明思想的坚定信仰者、积极传播者、模

范践行者。特别值得指出的是，重庆市首次实行市委常委、市政府常务副市长分管生态环境工作，更好统筹发展与保护，形成了全国示范。在重庆市委、市政府的坚强领导下，各单位认真落实重庆市第六次党代会、市委六届二次全会等会议精神，召开党组会、党组理论学习中心组学习会、局务会等超过百余次，第一时间领会精神实质，第一时间跟进落实工作措施，生态环境局制定实施重要规划、政策性文件30余个，清单化、项目化、事项化抓好贯彻落实。全市推进习近平生态文明思想市级宣讲团开展专题宣讲127场，重庆市生态环境局受邀在全国"2022年深入学习贯彻习近平生态文明思想研讨会"上作主题发言（全国仅2个省级生态环境部门），中宣部、生态环境部给予高度评价。

（二）做好共抓大保护、不搞大开发

聚焦筑牢长江上游重要生态屏障，做到更大范围抓落实见成效。坚持共抓大保护、不搞大开发，生态保护红线评估调整成果通过自然资源部审批，成功申报"十四五"国家第二批山水林田湖草沙一体化保护和修复工程项目，将获得中央奖补资金共20亿元，梁平区获评西南地区唯一国际湿地城市，广阳岛生态修复主体工程完工。深入推进生态文明示范建设，城口县、巫山县分获第六批国家生态文明建设示范区和"绿水青山就是金山银山"实践创新基地命名，新命名市级生态文明建设示范县1个、示范乡镇（街道）38个以及市级"绿水青山就是金山银山"实践创新基地8个。加力构建生物多样性保护格局，成立市生物多样性保护委员会，实施《重庆市生物多样性保护行动计划（2022—2025年）》，完成全市外来入侵物种调查，专题片《巴山渝水 万物生灵》在《生物多样性公约》第十五次缔约方大会（COP15）第二阶段会议期间展播。深入推动成渝地区双城经济圈生态共建环境共保，98项生态环保合作协议兑现落实，32项年度重点任务全面完成，首创跨省域"无废城市"共建先例，大清流河流域联防联治、大气污染联防联控、危险废物跨省转移"白名单"、川渝联合执法等实践案例形成示范，共同守护巴山蜀水的行动务实、工作扎实。

（三）强化探索"林长制""河长制"

2022年，重庆市总林长先后16次召开总林长会议和相关专题会议研究林长制重点工作，共同签发市总林长令（第2号），带头深入林区、一线巡林调研、现场指挥，带动有关市领导和各级林长巡林超100万人次，推动解决森林资源保护管理、森林防火等问题困难。深入开展森林资源"四乱"突出问题专项整治，累计排查整改突出问题3214件。两位总林长共同签发林长制督查考核实施细则，市政府将林长制纳入对区县经济社会发展业绩考核和政府督查激励事项，编发林长制工作简报17期，获央视新闻、《人民日报》、新华社等主流媒体报道400余次。

扎实推动河长制工作提质增效。第一，在协同联动方面下功夫。市级河长靠前指挥，区级河长以身作则、带头巡河，镇级河长履职尽责、针对性巡河，村级基层河长日夜守望、常态化巡河。各级河长联动履职、各有侧重，推动实现时间上"全天候"、空间上"全方位"、区域上"全覆盖"。通过"河长+警长""河长+检察长（官）""河长+巡河员""河长+志愿者"等，形成"河长+"联动工作机制，巡河护河的"朋友圈"不断扩大。不断推进区域联动。例如推动万州、达州、开州联动，签订跨界河流联防联控协议；推动万州、云阳、石柱联动，建立统一的磨刀溪上下游生态补偿机制；推动万州、利川联动，开展跨境河流联合执法，跨界河流治理由"各美其美"变成"美美与共"。第二，在推动护河科技化方面下功夫。不少区县引入先进生物科技，推动实施畜禽粪污资源化利用，并在全国率先整区推进"低架网床+益生菌+异位发酵"生猪养殖模式。该模式能降低70%粪污产生量，实现粪尿全量收集异味发酵，有效降低农业面源污染。2021年全区畜禽粪污资源化利用率达到92.5%，较2016年提高32.5个百分点。组建科研团队，坚持因地制宜、分区施策，在消落区开展生态修复科研示范和项目试点。完善植被修复技术，采用耐水蚀、耐盐碱的乔灌草结合模式，构筑起库岸稳定美丽的生态系统。探索智能化监管，实现水文、水资源、水灾害防御、水库大坝、水土保持、农村供水等数据实时显示、实时监测。打造智慧化水利综合监管平台，将河道采砂视频监控、生态基流监控、水保滑坡监测、水文监测、航道监测、河流水质自动监测等"信息孤岛"连成"数字大陆"，构建一体化水监控数字监测系统。第三，推动河长制治理系统化。大力做好水岸同治。在次级河流综合整治、农业面源污染防治、长江流域非法捕捞整治等方面不断探索，坚持"本源并重、水岸同步"，着力实现"根治""长治"。在采砂经营管理体制改革中创新管理模式，将砂石资源开采权赋予国有平台公司，由国有平台公司开展"开采—运输—加工—销售"标准化管理，创建"开采劳务承揽+销售代理及托底"生产经营模式，收到良好效果。不断做好部门合治。公安、水利、城管、交通等相关职能部门联合执法，关停污染企业，拆除餐饮摊点、违法搭建，整治长江岸线，解决了长期以来违法建（构）筑对河道行洪、船舶航行停泊造成的安全隐患问题，防止向长江直排生活污水和粪便，用执法利器保护母亲河水质安全。突出共享共治，在渝东北，万州打造集湿地公园、环湖主题公园、滨水景观于一体的三峡平湖旅游区，并于2021年成功创建国家4A级景区。困扰多年的治理难点变成发展亮点，城市颜值和气质显著提升，"水中杉、湖上鸟、岸边花"等特色景观已成为远近游客打卡的热门风景，"近悦远来、主客共享"的城市发展新格局基本形成。

五、切实做好"双碳"工作

(一) "双碳"工作实现良好开局

推进"双碳"工作开局良好,协同构建"1+2+6+N"政策体系和工作推进体系,编制形成减污降碳协同增效实施方案,率先制定钢铁等八个重点行业减污降碳工程指南,获批建设绿色金融改革创新试验区,两江新区入围全国首批气候投融资试点城市,启动气候投融资市级试点,碳排放数据质量控制、碳监测评估试点走在全国前列,"碳惠通"平台获评"美丽中国,我是行动者"2022年十佳公众参与案例,碳排放指标累计成交3999.54万吨,排污权累计交易3.73万次。坚持服务稳住经济大盘、推动经济高质量发展"两手抓",制定落实生态环境领域助企纾困,稳住经济大盘政策包括70余项措施,在全国首创首发"建设项目选线选址环境准入自助查询系统",服务企业"云研判"3万余次,大幅扩容环评告知承诺制实施范围、带条件"容缺"审批等10余项改革事项广泛惠及市场主体,协调生态环境部提前3个月完成渝西高铁等重大项目环评审批,全市高效审批项目环评2510个,涉及投资5158.62亿元,有力支撑稳增长、降成本、增效益。

(二) 低碳产业体系持续优化

近年来,重庆市加快发展壮大新兴产业,新一代信息技术、高端装备、新材料、生物医药、新能源汽车及智能网联汽车、节能环保等产业链持续完善。2022年,战略性新兴产业增加值占规上工业增加值比重提升至31.1%。大力发展能耗低产出高的汽摩和电子信息两大支柱产业,两大产业产出约占全市工业的50%,能源消费量占比不足5%。严格控制六大高能耗行业发展，六大高能耗行业增加值占比全市工业21%，低于全国平均水平13个百分点。重庆市大力推进供给侧结构性改革，依法依规推动钢铁、煤炭、水泥、电解铝、火电等行业落后产能应退尽退，截至2022年，累计去除钢铁产能816万吨、煤炭产能3052万吨、水泥产能420万吨、电解铝产能8.7万吨、火电产能15.2万千瓦。

（三）全面推进节能降耗

推进300家重点用能企业节能目标责任制落实，督促企业落实节能制度，开展节能技术改造，提升能效水平；2021—2022年共计完成242家企业国家节能诊断服务，支持企业深挖节能潜力，持续提升能效水平。"十四五"期间评选能效领跑者企业6家，在重点用能行业中示范效果明显。重庆市单位工业增加值能耗下降至0.681吨/万元。统筹财政资金，支持企业开展节能、节水、清洁化改造、资源综合利用等绿色化改造，2021年支持41个项目，共计2446万元，2022年支持19个项目，共计2820万元，实现节约39万吨标准煤，节水109万吨，综合利用固废277万吨，减排二氧化碳92万吨，二氧化硫、烟尘等各类污染物减排20%以上。

持续推进节能产业发展，引导重点用能企业、公共机构等采用合同能源管理模式开展节能改造，"十四五"以来，截至2022年累计完成节能服务公司信息登记53家；2022年推广纯电动车1.6万辆，新建充电设施3万座以上；支持海装风电参与2022世界清洁能源装备大会，其H210-10MW海上风电机组和H152-6.2MW浮式风电机组双双获"2022先进清洁能源装备"荣誉；将超大型高效立轴金属蜗壳闭式混流泵组等9项装备纳入重庆市重大技术装备推广应用目录。

第六章

高品质生态环境支撑高质量发展的重庆实践

2015年3月,《关于加快推进生态文明建设的意见》提出"协同推进新型工业化、城镇化、信息化、农业现代化和绿色化",中国的现代化从"四化同步"发展为"五化协同",其中"绿色化"概念首次提出并上升到国家战略。[①]党的十九大报告提出,要加快生态文明体制改革,建设美丽中国,推进绿色发展,建立健全绿色低碳循环发展的经济体系。党的二十大报告再次强调,要推进美丽中国建设,协同推进降碳、减污、扩绿、增长,推进生态优先、节约集约、绿色低碳发展。习近平总书记在2023年全国生态环境保护大会上再次强调,要加快形成绿色生产方式和生活方式,厚植高质量发展的绿色底色。绿色发展已成为今后我国经济长期发展的重要战略方针和政策,以及我国全面建成小康社会和美丽中国的重要途径。

实施绿色低碳发展是美丽重庆建设的重点任务。重庆市将"生态优先、绿色发展"理念贯穿于全市高质量发展的始终,加快将重庆市建设成为山清水秀美丽之地,经济绿色化发展取得显著成效。

一、重庆市经济绿色发展具有较好基础

经济绿色化发展是新时代生态文明建设的新战略、新路径。经济发展是实现经济水平提升的核心内容,生态保护则兼具社会效用和政治效用,二者相互作用并统一于重庆市经济绿色化发展框架之中。重庆市在这场由生态红利重构的经济地理时空变革中,以绿色发展为底色,依托自身优势构造经济绿色化发展新模式,实现了一

---

① 李波、张吉献:《河南省绿色化发展评价及时空演变特征》,《地域研究与开发》2019年第38卷第4期。

定的经济增长与生态环境保护。

（一）重庆市经济发展现状

在西部大开发战略、长江经济带发展战略及成渝双城经济圈等发展战略推动下，重庆凭借自身独特的资源禀赋与区位优势实现了经济的快速发展。统计数据显示，2000年到2022年重庆市经济发展逐年呈增长趋势，GDP从2000年的1822.06亿元增至2022年的29129.03亿元，增长了27306.97亿元；2023年上半年，全市实现地区生产总值14345.95亿元，同比增长4.6%。同时，人均地区生产总值从2000年的6383元增长到2022年的90663元，增长了约14倍。①2022年，面临新冠疫情反复和国际形势复杂多变形势，全市经济发展保持了多重压力下的恢复态势，GDP增长率为2.5%。

如下图（图6-1）所示，2010年重庆市GDP增速达到历史高峰，得益于2007年中央对重庆市"西部地区的重要增长极、长江上游地区的经济中心、城乡统筹的直辖市"定位，以及2009年国务院"3号文件"的明确指示，将重庆的发展方向定位于内陆唯一保税港，随后为重庆市带来了巨大的经济发展空间，重庆经济快速增长。重庆于2010年开始强化IT产业等新兴产业，弱化传统"黑化"产业并控制其规模扩张。据重庆市各年统计年鉴数据显示，从2010年到2014年，重庆经历了一个增速明显下降的时期，增速一度跌到10.9%。随后，2015年GDP增速也同样保持在相似的水平上。从2016年开始，GDP增速波动下降，直到2022年跌落至2.5%，低于全国增速0.5个百分点。②

---

① 数据来源：《重庆统计年鉴》。
② 数据来源：《重庆统计年鉴》。

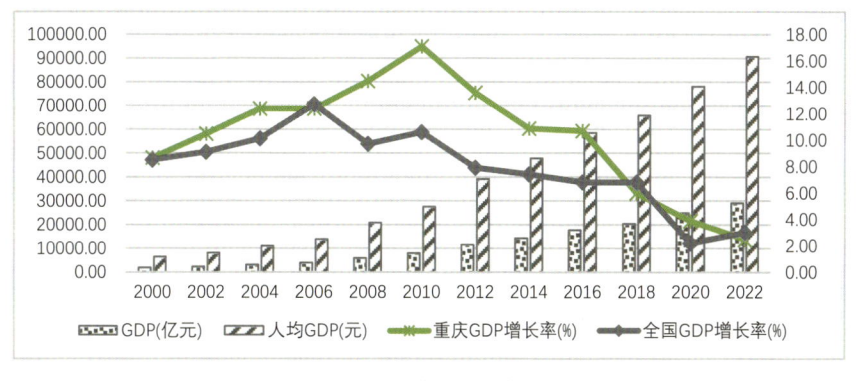

图6-1　2000—2022年重庆市经济发展情况

（二）重庆市生态环境发展现状

从主要污染物减排情况看，2022年重庆市化学需氧量、氨氮、氮氧化物、挥发性有机物重点污染物减排量分别为2.46万吨、0.28万吨、3.15万吨、0.46万吨，[①]圆满完成国家下达的年度目标任务。此外，还持续深入推进排污许可制改革，加快完善以排污许可为核心的固定污染源管理制度，出台了《关于进一步优化排污许可助企纾困稳住经济大盘有关工作的通知》。从生态环境保护投资方面看，长期以来，重庆持续加大生态环境保护资金投入，支撑污染物总量减排和环境质量持续改善。全市生态环境保护投入从2018年的367.78亿元增长到2022年的1100.2亿元。2022年全市生态环境保护投入占GDP的3.8%，同比提高0.4个百分点；其中，固定资产投资类946.0亿元，占生态环境保护投入的86.0%，同比增长17.5%；非固定资产投资类154.2亿元。从应对气候变化方面看，截至2022年底，重庆碳市场各类产品累计成交量4000万吨，交易额达到8.35亿元。[②]"碳惠通"持续创新，"碳惠通"核证自愿减排量达到154

---

①数据来源：《2022年重庆市生态环境统计公报》。
②数据来源：《2022年重庆市生态环境状况公报》。

万余吨，累计交易量323.3万吨，交易金额7785.91万元。

此外，在水环境方面，2022年重庆市地表水总体水质为优，长江干流重庆段水质为优，20个监测断面水质均为Ⅱ类，长江支流总体水质为优。在大气环境方面，2022年，空气质量优良天数为332天，其中优130天，无重度及以上污染天数。土壤环境方面，全市土壤环境质量总体稳定，受污染耕地安全利用率95.56%，重点建设用地安全利用率得到有效保障。固体和危险废物方面，全市一般工业固体废物综合利用1970.78万吨，利用率达到80%以上；年工业危险废物利用处置103.85万吨，贮存量7.55万吨；森林覆盖率达到55.04%。

（三）重庆市经济绿色化发展的基础

1.重庆市经济绿色化发展的相关政策

习近平生态文明思想指导下的产业生态化和生态产业化，是经济绿色化高速发展的重要突破口。为深入贯彻党的二十大精神、深学笃用习近平新时代中国特色社会主义思想、蓬勃重庆市高质量发展态势，重庆市政府从产业生态化、生态产业化角度进行宏观政策部署以推进重庆市经济绿色化发展进程。如下表（表6-1）所示，重庆市经济绿色化发展部分政策如下：

表6-1 重庆市经济绿色化重要政策

时间	重要会议/文件	主要内容
2018年5月18日	生态环境保护大会	构建以生态产业化、产业生态化为主的生态经济体系。
2018年6月13日	深入推进长江经济带发展动员大会	着力形成绿色发展方式，推动产业生态化；抓好生态经济建设，守好产业"准入关"；培育生态文化，提供优质生态产品。

续表

时间	重要会议/文件	主要内容
2019年1月12日	2019年重庆市政府工作报告	推动支柱产业迭代升级，向新能源、轻量化转型；加快绿色产业发展，培育绿色低碳新增长点。
2020年1月11日	2020年重庆市政府工作报告	把"绿色+"融入经济社会各个方面；发展循环经济，全面推进节能降耗；引导绿色消费方式，推广节能环保产品。
2021年10月11日	《重庆市人民政府关于加快建立健全绿色低碳循环经济体系的实施意见》	健全绿色低碳循环发展的生产体系；健全绿色低碳循环发展的流通体系；健全绿色低碳循环发展的消费体系；加快基础设施绿色升级；构建市场导向的绿色技术创新体系；完善法规政策体系。
2022年2月28日	《重庆市严格能效约束推动重点领域节能降碳实施方案》	推动重点领域节能降碳，需要抓住重点、稳扎稳打、压茬推进，避免"眉毛胡子一把抓"。同时，要整合现有政策工具包，修订完善配套政策，多部门、多领域形成合力，共同推动我国能源效率持续提高、碳排放量显著下降。
2022年8月19日	《重庆市建设绿色金融改革创新试验区总体方案》	积极建立健全以政府激励为引领、市场为基础、数字技术为支撑的绿色金融政策、机构、产品和服务体系，重点打造一批基础性、功能性、标杆性的绿色金融示范园区、示范项目、示范工厂。推动支柱产业绿色转型升级，统筹城乡绿色发展，实现金融改革与经济转型良性互动、环境效益与经济效益双赢发展。
2023年1月29日	《重庆市工业领域碳达峰实施方案》	优化产业结构，培育壮大绿色产业，构建低碳发展产业布局，坚决遏制高耗能高排放低水平项目盲目发展；深入推进节能降碳，有序调整能源消费结构，持续提升工业能效，推动工业数字化转型。积极推行绿色制造，培育创建绿色低碳工厂，打造绿色低碳工业园区，构建绿色低碳供应链，促进中小企业绿色低碳发展，全面提升清洁生产水平等。

续表

时间	重要会议/文件	主要内容
2023年3月2日	《重庆市"十四五"时期"无废城市"建设实施方案》	建设全域"无废城市"和成渝地区双城经济圈"无废城市"共建机制。固体废物产生强度稳步下降，综合利用水平显著提升，利用处置设施短板基本补齐，减污降碳协同增效作用充分发挥，基本实现固体废物管理信息"一张网"，"无废城市"理念得到广泛认同，固体废物治理体系和治理能力现代化水平得到明显提升。
2023年6月15日	重庆市学习贯彻习近平总书记重要指示批示精神 推动长江经济带高质量发展专题会	推动幸福河湖创建和全域"无废城市"建设，持续打好蓝天、碧水、净土保卫战，建设宜居宜业和美乡村。积极打造长江最美岸线，开展三峡库区生态综合治理，推进科学绿化试点示范城市建设，做好自然保护地建设管理。实施绿色转型创新发展行动，打造绿色低碳产业发展标杆、碳市场发展样板，积极发展绿色金融，完善"两山"转化通道，抓好长江文化保护利用。
2023年7月21日	《金融支持重庆工业绿色发展十条措施》	金融机构要对标绿色工业发展的重点任务，加大对近零碳园区、绿色园区、绿色工厂的生产经营、节能技改升级等方面的贷款需求的支持力度。

2.重庆市经济绿色化发展的相关情况

近年来，重庆坚持以习近平生态文明思想为引领，牢固树立绿水青山就是金山银山发展理念，构建以绿色标准为引领，坚定不移走生态优先、绿色发展之路，坚决打好污染防治攻坚战，经济绿色化发展硕果累累。从农业方面来看，重庆积极推动农业生产绿色高效发展，广泛推广绿色防控技术，着力推进种养有机结合，按照"以种带养、以养促种、种养结合、循环利用"种养循环发展理念，以就地消纳、能量循环、综合利用为主线，以产业设施化、规模化、标准化、生态化为重点，打造规模化绿色生态农业。2022年，全市农林牧渔业增加值2058.63亿元，比上年增长4.1%。

2023年，习近平总书记就推进新型工业化作出重要指示，指出要把高质量发展的要求贯穿新型工业化全过程。为推动工业经济高质量发展，全面提升制造业绿色发展水平，重庆出台《重庆市制造业产业基础再造和产业链供应链现代化水平提升工程实施方案》《重庆市制造业智能化赋能行动实施方案》《重庆市制造业绿色发展行动实施方案》等文件。2022年，全市万元地区生产总值能耗比上年下降2.7%，单位工业增加值能耗下降0.8%，新能源汽车产业、生物产业、新材料产业、高端装备制造产业增加值分别比上年增长1.4倍、7.5%、12.3%和6.5%。规模以上工业战略性新兴产业增加值和高技术制造业增加值占规模以上工业增加值的比重分别为31.1%和19.0%。截至2023年，全市已建成国家级绿色工厂和绿色园区89家，制定汽车制造企业"无废"技术标准体系174项。同时，重庆市组建了3个固废综合利用平台，建成固废科技创新平台12家。重庆市一般工业固废综合利用率达80%，建筑垃圾综合利用率达61%。

在能源和服务业方面也取得显著成效。2022年，重庆市天然气产量141.45亿立方米，比上年增长1.4%；发电量1042.17亿千瓦时，增长3.2%；发电装机容量为2819.01万千瓦，上升4.2%；电煤购进2599.34万吨，增长9.2%。重庆还依托丰富旅游资源，积极推动文旅融合，打造富有巴蜀特色的世界知名文化旅游目的地。2022年，全市旅游及相关产业实现增加值1063.26亿元；年末全市拥有国家A级景区272个。

二、重庆市经济绿色化发展总体成效

(一) 基于AHP层次分析法的整体成效分析

1.AHP层次分析法简介

层次分析法（AHP）最早由美国运筹学家匹茨堡大学教授萨蒂于20世纪70年代初提出，是指将与决策总是有关的元素分解成目标、准则、方案等层次，在此基础之上进行定性和定量分析的决策方法。AHP层次分析法主要分为四个步骤：一是建立层次结构模型，将目标层分解成若干子目标（准则层），每一个准则层再对应若干影响因子（执行层）；二是构造判断（成对比较）矩阵，利用Satty标度来比较各影响因素的重要性程度，如下表（表6-2）所示；三是层次单排序及一致性检验，采用归一法确定各影响因子的重要性排序；四是层次总排序及一致性检验，用以检验指标权重的合理性。[①]

表6-2　比例标度表

序号	因素A比因素B	量化值
1	同等重要	1
2	稍微重要	3
3	较强重要	5
4	强烈重要	7
5	极端重要	9
6	两相邻判断的中间值	2，4，6，8

---

① 许树柏：《实用决策方法：层次分析法原理》，天津大学出版社1988年版，第6—8页。

2. 评价指标体系构建

参考林雨青的研究方法，构建包含3个二级指标，9个三级指标的绿色经济发展成效评价指标体系，对重庆绿色经济发展成效情况进行测度评价，为促进重庆绿色经济平稳发展提供决策参考。具体指标构建情况如下表（表6-3）所示：

表6-3　经济绿色化发展成效评价指标

一级指标	二级指标	三级指标
经济绿色化发展成效（X）	经济社会可持续发展（X_1）	森林覆盖率（X_{11}）
		污染物排放量（X_{12}）
		污水处理能力（X_{13}）
	资源环境可持续发展（X_2）	人均地区生产总值（X_{21}）
		居民人均可支配收入（X_{22}）
		第三产业增加值占比（X_{23}）
	制度环境优化水平（X_3）	环境治理投入占比（X_{31}）
		财政环保支出占比（X_{32}）
		城市环境基础设施建设投资占比（X_{33}）

注：除"污染物排放量"指标为负向指标外，其他均为正向指标，即污染物排放量越高经济绿色化发展成效越低，污染物排放量越低经济绿色发展成效越高。

在指标构建的基础上，利用专家打分法和层次分析法对各个指标赋权，[①]具体权重如下（表6-4）：

表6-4　经济绿色化发展成效评价指标权重

序号	指标	权重
1	森林覆盖率（X_{11}）	0.088
2	污染物排放量（X_{12}）	0.160
3	污水处理能力（X_{13}）	0.290

---

① 林雨青：《基于AHP层次分析法的绿色经济发展成效研究》，《产业创新研究》2023年第5期。

续表

序号	指标	权重
4	人均地区生产总值（X_{21}）	0.185
5	居民人均可支配收入（X_{22}）	0.071
6	第三产业增加值占比（X_{23}）	0.041
7	环境治理投入占比（X_{31}）	0.022
8	财政环保支出占比（X_{32}）	0.102
9	城市环境基础设施建设投资占比（X_{33}）	0.039

3.结果分析

为了准确掌握重庆市经济绿色化发展成效在全国的情况，本部分对全国各省（市）经济绿色化发展成效进行测度，根据测度结果分析重庆在各省（市）中的位置，具体评价结果如下图（图6-2）所示。从下图可以看出，近年来各省（市）深入贯彻习近平生态文明思想，绿色经济发展成效整体向好，绝大多数省（市）经济绿色化发展绩效出现了不同程度的提升。浙江省经济绿色化发展绩效水平明显高于其他省（市），并且经济绿色化发展水平在不断地提升，2021年北京经济绿色化发展绩效位列第二，绿色化发展绩效持续向好。重庆经济绿色化发展绩效总体位于前列，2021年位居全国第六，且较2020年而言出现了一定程度的上升，这说明重庆绿色经济发展稳中向好，这与重庆市近年来深入贯彻习近平生态文明思想和习近平总书记对重庆提出的系列重要指示要求、积极探索生态优先路子、打造绿色发展升级版息息相关。

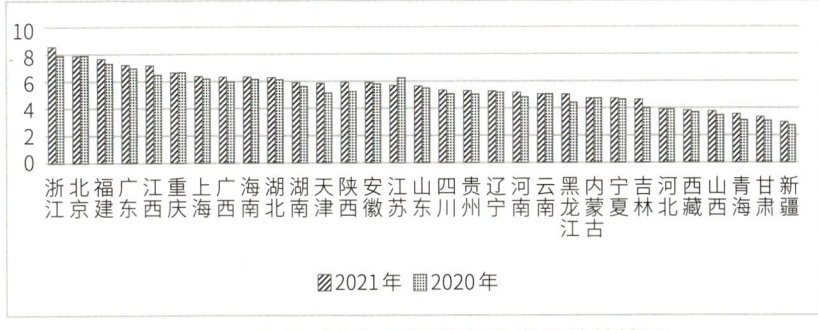

图6-2 各省（市）经济绿色化发展绩效情况

（二）基于碳生产率的整体成效分析

1.测算方法介绍

碳生产率囊括了经济可持续发展最本质的内涵，即经济持续发展和污染不断降低，碳生产率是单位二氧化碳的GDP产出水平，又称作"碳均GDP"，是衡量经济绿色发展的重要指标。因此，此处进一步使用碳生产率指标来度量重庆市经济绿色发展成效。为对可持续发展绩效进行更为准确的测算，充分考虑了17种化石能源和水泥工业生产中所排放的二氧化碳，计算公式如下：

$$sp_{it} = \frac{GDP_{it}}{AD_{jit} \times NVC_j \times CC_j \times O_{jt} + AD_t \times EF_t} \quad (6.1)$$

式中，GDP_{it}为t时期i行业的产值，AD_{jit}是t时期i行业j类化石燃料的使用量，NVC_j为j类化石燃料净热值，CC_j为j类化石燃料单位净热值所产生的二氧化碳排放量，O_{jt}为i部门j类化石燃料的氧化率，AD_t为水泥数量，EF_t为水泥生产过程中的碳排放因子。sp_{it}取值越大，说明地区经济绿色发展水平越高，反之则越低。

2.测算结果分析

以碳生产率衡量的经济绿色化发展成效如图6-3所示，2012年重庆市碳生产率为0.89万元/吨，2013年上涨为1.28万元/吨，2014年重庆市碳生产率出现下降，下降为1.23万元/吨，主要原因在于GDP的增长量低于二氧化碳的排放量。2015—2021年重庆市碳生产率持续提升，2015年重庆市碳生产率为1.31万元/吨，2021年上涨为2.82万元/吨，上涨了115%。从碳生产率测算结果可以看出，2012—2021年，重庆市经济绿色化发展成效不断提升，这与全市上下深入贯彻习近平总书记对重庆生态文明建设作出的重要指示批示精神，深入践行绿水青山就是金山银山的理念息息相关。2023年8月16日，市委书记袁家军在美丽重庆建设大会上再次强调，未来五年，要全面贯彻落实党的二十大精神，深学笃用习近平生态文明思想和习近平总书记在全国生态环境保护大会上的重要讲话精神，实现全市域生态环境质量、城乡大美格局、绿色低碳发展水平、生态环境数智化水平的显著提升，推动人与自然和谐共生的现代化取得实质性进展。

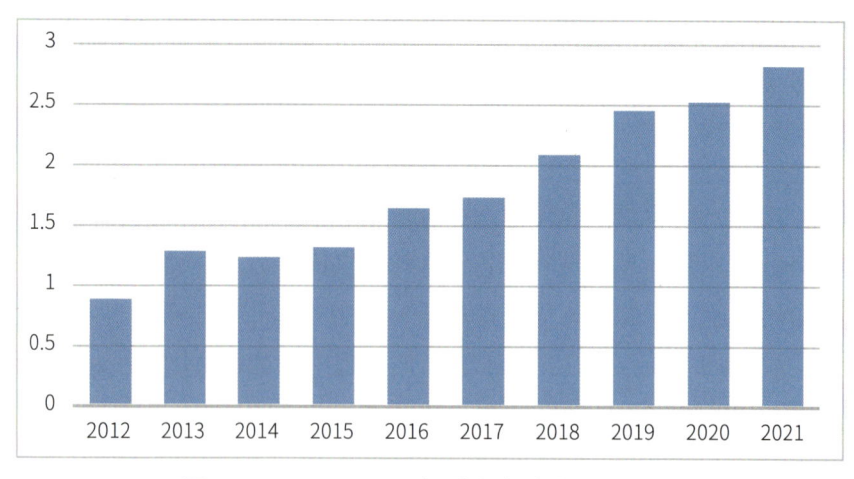

图6-3　2012—2021年重庆市碳生产率情况

三、重庆市经济绿色化发展行业成效

为了更加全面了解重庆市经济绿色化发展情况，本部分从细分行业的角度对重庆经济绿色化发展情况进行进一步测度。鉴于工业部门是影响经济绿色化的"第一大户"，其绿色化发展程度直接决定了重庆经济绿色化的波动趋势，且工业发展是重庆市经济发展的关键，提高工业产业的绿色绩效，也是经济效率和产业生态构建效率的实现和最佳优化。为此，本部分在考虑数据可得性和前人研究成果基础上，全面系统地分析重庆工业行业绿色化发展成效。工业绿色全要素生产率是衡量经济绿色化成效的最重要指标之一，也是学界高度认可的重要指标，本部分通过测算重庆工业绿色全要素生产率来表征重庆市经济绿色化发展成效。

1.模型构建

本部分通过运用SBM方向性距离函数和基于全局的Malmqusit-Luengerber（ML）生产率指数来对重庆市工业绿色全要素生产率进行了测度。[1]构建Global-ML指数需要以SBM方向性距离函数所测算出的研究对象的静态效率值为基础，所以需要首先构建SBM方向距离函数。[2]本部分将重庆市每个工业行业定义为一个决策单元DMU，之后将设定的各个决策方向性距离函数基于下列的生产可能函数进行建立：

$$p^t(x^t) = \{y^t, b^t | x^t 可生产 y^t, b^t\}, t = 1,2,3,\cdots,T \quad (6.2)$$

式（1）中，$x = (x_1, x_2, \cdots, x_k) \in R_K^+$ 为重庆市 N 种行业使用的 K 种生产投入，$y = (y_1, y_2, \cdots, y_m) \in R_M^+$ 为重庆市工业分行业 M 种产出，同

---

[1] 杨顺元：《全要素生产率理论及实证研究》，天津大学硕士论文，2006年。
[2] Chung Y H, Fare R, Grosskopf S. Productivity and Undesirable Outputs: A Directional Distance Function Approach [J]. Microeconomics, 1997, 51 (3): 229-240.

时可生产 T 种非期望产出，表达式为 $b=(b_1,b_2,\cdots,b_t)\in R_T^+$，则第 t 期的方向距离函数为：

$$D^t(x^t,y^t,b^t:g_y,g_b)=\max\{\gamma|(y^t+\gamma g_y,b^t-\gamma g_b)\in p^t(x^t)\} \quad (6.3)$$

上式中，g_y 和 g_b 为期望产出和非期望产出的方向向量，γ 为松弛向量。

CESIS（Centre of Excellence for Science and Innovation Studies）的学者 Oh 通过把上列产出可能性函数逐期包络，得出全局性的最优化产出方向：

$$P^G(x)=p^1(x^1)\bigcup p^2(x^2)\cdots\bigcup p^T(x^T) \quad (6.4)$$

进而建立具有全局性的方向性距离函数：

$$D^G(x^t,y^t,b^t:g_y,g_b)=\max\{\gamma|(y^t+\gamma g_y,b^t-\gamma g^b)\in p^G(x)\} \quad (6.5)$$

根据有关文献做法，可在研究中直接将"好"的产出与"坏"的产出之间作为方向向量比较，将当期和全局角度的方向性距离函数方法描述为：$D^t(x^t,y^t,b^t)$ 和 $D^G(x^t,y^t,b^t)$。上面所罗列出的距离函数结果表示在此研究期内重庆市工业各个部门之间距离最优生产前沿的距离，故可以将这个数值视为重庆市工业绿色发展的静态效率，而这个数值仅仅反映了某一个决策单元 DMU 在某种条件下的投入与产出的效率水平，这个数值是某个时段内的静态分析。

其次，构建 Global-ML 指数。在全要素生产率测量方面，测度选取的主要指标有两个，分别为：ML 指数和 Global-ML 指数两种，ML 指数是两个年份内 ML 指数的几何平均数，这也就说明了通过 ML 指数所计算出的工业绿色全要素生产率并不具有长期循环的累乘性，而这一缺陷也表明了 ML 指数并不适宜用于考察重庆工业在绿色全要素生产率发展中的持续的变化态势。因此为了研究的科学可行性，本部分借鉴了 Oh 所创立的 Global-ML 指数方式[①]，选择了

---

① Oh D H. A global Malmquist-Luenberger productivity index [J]. Journal of Productivity Analysis, 2010, 34 (3): 183-197.

Global-ML指数来衡量重庆工业绿色全要素生产率水平，而Global-ML指数的最大好处就是能够测算出在研究期间的任何两个时期内，重庆工业生产分行业的整体经济情况和在最优生产前沿的相对距离变动，同样地也能够表现出生产边界的总体移动。

2.行业划分、指标选取及数据来源

由于《重庆统计年鉴》2011年改变了行业的分类标准，因此指标数据选自2011—2020年《重庆统计年鉴》。同时为了保障相关数据统计口径的一致性和完整性，删除了数据缺失较多的"开采辅助活动""其他采矿业""其他制造业""废弃资源综合利用业""金属制品、机械和设备修理业"5个行业，最终选择36个工业行业作为研究对象。

在指标选取方面，投入指标包括劳动力投入、资本投入和能源投入，产出指标包括期望产出和非期望产出。[1]其中，劳动力投入选择重庆市规模以上工业行业各行业从业人员年平均人数（万人），作为劳动投入要素来进行衡量。在投入指标方面，资本投入采用重庆市工业分行业的固定资产净值作为资本投入要素，同时以2011年为基期，将固定资产净值平减为2011年不变价。能源投入要素采用规模以上的各行业综合能源消耗量。产出指标方面，将重庆的工业分行业总产值作为预期产出，但考虑到通胀等客观因素会对统计的完整性产生负面影响，于是选取了工业生产者的出厂价格指标，以2011年为统计基期，对重庆的工业分行业工业总产值来进行平减，使得测度结果科学可靠。非期望产出以工业污水排放量（万吨）、工业废气排放量（万立方米）以及工业固体废物排放量（万吨）来衡量。具体指标体系如下表（表6-5）所示：

---

[1]陈诗一：《中国的绿色工业革命：基于环境全要素生产率视角的解释（1980—2008）》，《经济研究》2010年第11期。

表6-5 经济绿色化发展绩效分行业指标体系

指标		变量含义及说明
投入指标	劳动投入	分行业年平均从业人数（万人）
	资本投入	固定资产净值（万元）
	能源投入	分行业综合能耗（吨/标准煤）
产出指标	期望产出	分行业工业总产值（万元）
	非期望产出	工业废气排放量（万立方米）
		工业固体废物排放量（万吨）

为进一步掌握相关数据情况，对指标的描述性统计结果如下表（表6-6）：

表6-6 相关指标描述性统计

指标	单位	均值	标准差	最大值	最小值
工业总产值	万元	9897920	30683576.03	220786917.1	5155.62
废水排放量	万吨	1504.43	4821.38	35524	0.07
废气排放量	万立方米	563.33	1779.39	13037.67	0.03
废物排放量	万吨	148.67	470.06	3345.68	0.01
资本投入	万元	3385518.32	558185.35	81065598.39	864.76
劳动力投入	万人	26.67	1.39	185.26	0.01
能源投入	吨/标准煤	2092975	6553045.84	42496266	119

3.重庆市经济绿色化发展成效分行业结果分析

通过测算，重庆经济绿色化发展成效分行业结果如下表（表6-7）所示。总体来看，重庆各行业绿色化发展成效显著，从不同性质行业来看，就高技术行业而言，高技术行业是指科学研究与试验发展（R&D）强度超过5%的行业，这些行业是技术密度较高的行业，代表了工业中的创新能力。因此，高技术行业的绿色发展水平好坏就能说明整体工业未来绿色发展技术运用质量高低。高技术行业主要包括化学原料和化学制品制造业、医药制造业、化学纤维制造业、通用设备制造业、专用设备制造业、汽车制造业等。从2012年到2021年整体来看，高技术行业的绿色发展成效总体上在不断提升，2021年很多行业绿色全要素生产率大于1，这说明重庆市高技术行业绿色生产技术水平在持续发展。

就中技术行业来看，中技术行业是指R&D强度在3%—5%之间的行业，主要包括石油加工、炼焦和核燃料加工业、橡胶和塑料制品业、非金属矿物制品业等行业。可以发现中技术行业中，部分行业，如黑色金属冶炼和压延加工业等行业的绿色全要素生产率值较高，绿色发展成效较好，但也有部分行业绿色全要素生产率值较低，绿色发展成效还需不断提升。就低技术行业而言，绿色发展成效并没有高技术行业显著，但总体来说取得成效较为显著，仍需要不断提升。

表6-7 2012—2021年重庆分行业经济绿色化发展成效

行业	2012年	2014年	2016年	2018年	2020年	2021年
农副食品加工业	1.045	0.909	0.865	1.900	0.766	0.941
食品制造业	1.026	0.885	0.845	1.918	0.764	0.918
酒、饮料和精制茶制造业	0.998	0.905	0.851	1.901	0.756	0.987
烟草制品业	1.027	0.910	0.875	1.848	0.768	1.121
纺织业	1.042	0.883	0.822	2.051	0.782	0.908
纺织服装、服饰业	1.009	0.917	0.858	1.861	0.773	0.971
皮革、毛皮、羽毛及其制品和制鞋业	1.044	0.878	0.856	1.865	0.772	0.829
木、竹、藤、棕、草制品业	0.965	0.875	0.852	1.891	0.779	0.984
家具制造业	0.980	0.907	0.875	1.889	0.769	0.991
造纸和纸制品业	0.940	0.929	0.749	2.069	0.723	1.042
印刷和记录媒介复制业	1.019	0.930	0.866	1.882	0.767	0.907
文教、工美、体育和娱乐用品制造业	0.983	0.911	0.872	1.905	0.769	0.994

续表

行业	2012年	2014年	2016年	2018年	2020年	2021年
石油加工、炼焦和核燃料加工业	0.676	0.763	0.479	1.708	0.940	0.920
橡胶和塑料制品业	0.965	0.901	0.858	1.922	0.781	0.900
非金属矿物制品业	1.000	0.798	0.773	2.037	0.753	1.007
黑色金属冶炼和压延加工业	1.000	0.696	0.786	2.850	0.802	1.120
有色金属冶炼和压延加工业	1.117	1.275	0.783	2.126	0.817	1.495
金属制品业	1.018	0.899	0.834	1.973	0.756	0.920
化学原料和化学制品制造业	1.118	0.960	0.881	1.747	0.756	1.293
医药制造业	0.996	0.885	0.863	1.898	0.769	0.991
化学纤维制造业	1.150	0.868	0.857	1.876	0.803	1.203
通用设备制造业	0.994	0.903	0.861	1.908	0.769	1.390
专用设备制造业	1.004	0.916	0.865	1.884	0.768	1.277
汽车制造业	0.996	0.911	0.868	1.896	0.771	0.938
其他运输设备制造业	1.001	0.900	0.860	1.941	0.771	0.910
电气机械和器材制造业	0.995	0.919	0.871	1.907	0.773	1.230
计算机、通信和其他电子设备制造业	1.008	0.918	0.874	1.918	0.770	0.804
仪器仪表制造	1.004	0.903	0.879	1.888	0.774	1.463

四、不断提升生态环境数智化发展水平

（一）重庆经济社会环境数字化转型现状

2023年4月25日召开的数字重庆建设大会，进一步明确数字重庆建设是"一把手"工程，指出要聚焦聚力、实战实效、彰显特

色，加快打造数字重庆建设标志性成果，以数字化引领开创现代化新重庆建设新局面。2023年8月召开的美丽重庆建设大会，明确提出到2027年，重庆生态环境数智化水平要有显著提升。从本质上看，发展数字化的根本目标就在于提高生产力。从生产力层面看，数字社会环境的主要内容就是数字基础设施建设，它是支持数字生产力发展的基础设施。数字经济是技术驱动型经济，代表了转型升级和动能转换的要求。数字信息产品生产主要依靠科技等无形资本投入，包括体现在计算机程序和数据库中的知识资本，以及专利、许可权等知识资本。对数字信息产品生产而言，生产者的创造力、拥有的技术和专利，比物化资本更重要。对于数字经济时代来说，"数据、技术、人才"俨然成为最重要的战略资产。知识资本是创新驱动的基础，主要由人力资本和技术资本两部分构成。

2023年4月，重庆市数字经济企业突破2万家，数字经济增加值占GDP比重在40%左右，其中聚集规模以上数字经济核心产业企业达到1900多家，数字经济核心产业增加值达到2200亿元。不只是数字经济，在政务服务方面，重庆已投用"渝快办""渝快政""渝快融"以及多个基层智慧治理平台，把服务送到群众"指尖"。其中，"渝快办"平台实名认证用户数达到2500万，市级行政许可事项"最多跑一次"比例超过99%，办理时间普遍压缩一半以上。311项"川渝通办"政务服务事项均可"全网通办"，两地企业群众切实享受到成渝地区双城经济圈建设带来的同城化便利。

智慧城市建设方面，智慧交通、智慧小区、智慧商圈、智慧城管等生活应用场景不断落地，让城市更"聪明"，生活更"智慧"。

硬件方面，重庆获批建设全国一体化算力网络成渝国家枢纽节点，重庆数据中心集群已具备9万个机架、45万台服务器的支撑能力。工业互联网标识解析国家顶级节点（重庆）累计标识注册总量超过100亿，建成投用中国首条、针对单一国家、点对点的中新（重庆）国际互联网数据专用通道，推动四川、云南、广西、贵州共建共享共用，基础设施的提档升级，为下一步的深层次变革夯实了底座。

（二）当前美丽重庆数智化发展存在的问题

对照数字中国建设顶层设计和重庆市委、市政府新要求，重庆市生态环境保护数字化转型深度依然不够。数字赋能重庆生态文明建设需要进一步推进。

1. 数出多源智管难，存在数字真准全方面的问题

美丽中国5大类22项考核指标涉及环境质量、自然生态、设施建设、企业治污，分属相关部门监测、第三方监测、企业自测、水电气消耗、原辅材料使用等数据源。但数出多源或数不连贯，大型企业安装污染在线监测或监控装置，中小微企业委托第三方检测，运行维护标准不统一、环境监测频次不统一、川渝采样时段不统一、数据发布平台不统一，缺乏集成智管，增加了企业成本。数据质量失真，缺乏前瞻性，长江办、环保督察曝光违法排污和生态破坏问题数百个，全市200余处自然保护地、2万平方公里生态保护红线、2100余个区县及乡镇水源地缺乏数管；沿江化工企业、危化品生产企业、重大突发环境事件隐患企业489家近一半缺数字共管，一旦发生污染将危及三峡库区生态安全和国家战略水资源储备库。与此同时，重庆数字生态环境保护信息化存在覆盖不全、数据频度不高的问题。如"八张工作报表"中"生态报表"12项指标，相关指标能够自动接入、月度更新的仅5项，其余7项尚需人工录入汇总。

2. 数不聚焦应急难，应用中存在六化问题

数字化应用存在应急化、碎片化、延时化、部门化、条块化、

无效化等问题，污染攻坚战缺乏数据聚焦和深度分析导致预测预报预警不准。原重庆农药厂地块数据延时化导致退房损失问题，近千家工业污染地块数据不全。数万家危险废物产生和处置单位数据碎片化导致信息不畅。100余处尾矿库、废弃矿山、磷化工、磷石膏库监管数据部门化导致生态安全等级高。接办问题后应急化溯源发现污染问题30余万处。成渝汽车保有量超1200万辆，分居全国第二第三，靠人工检测尾气耗时费力且扰民扰企；川渝施工工地、工业企业、食堂餐饮污染源62万余家，数据部门化、无效数据多、管用数据少。

3. 重建轻管贯通难，数据闭环生产有问题

近五年，市区投资近5亿元建立35类、294项、65亿条生态数据，大气、水质监测点1374个，但共享仅5%，线上用户仅5000家，智能感知点仅1550个。部分设备运行不稳或频换单位，数据缺乏整体性、连续性、有效性，缺少量化闭环管控效能。智慧环保、河长、林长没有形成三维立体一张图。数字源分散在生态、公安、交通、气象、林业、应急、电力多部门，安装在高速、道路、铁塔、站房、龙门架、小区等位置，重复建设多，技术门类多，接口差异大，数据不兼容，存储不一致。数字生态文明建设进展也因此参差不一。《数字中国建设整体布局规划》部署的"推进生态环境智慧治理""加快数字化绿色化协同转型""倡导绿色智慧生活方式"3大板块15大类任务，已纳入我市专项规划或建设方案的比例分别为80%、60%、20%，仍有一些重点任务需要市级有关部门共同发力、协同推进。

4. 群众投诉检测难，支撑急难愁盼有问题

每年反映噪声、臭气、扬尘、油烟、尾气、黑烟、污水、垃圾、振动及生态破坏的市民投诉、来信来访近6万件，居全国前列。建设项目邻避矛盾群众关注高，部分臭气、异味、噪声缺乏数据或检测数据争议大，企业耗巨资整改达标仍难消除影响最终停产搬迁，个别群众为实现经济补偿长期信访，数字判断、价值判断和技术判断争议大，化解投诉走入僵局。

5.先进技术装备能力不足

重庆市238个地表水断面自动监测率为60%，全市1502个饮用水源地、1482个设置审批的入河排污口均靠手工监测，生态遥感监控尚未覆盖全市域，还有60%的区（县）生态环境部门未建立综合信息系统。

（三）进一步提升数智化水平的思路措施

1.以产业数字化推进绿色低碳转型

数字经济不仅是新的经济增长点，也是改造提升传统产业的支点。推进数字化、绿色化协同转型发展，是实现"双碳"目标的关键抓手。根据中国信息通信研究院预测，数字化降碳贡献度将达到12%至22%。当前重庆市产业结构偏重化、能源结构偏煤、交通结构偏公路、单位GDP能耗与先进标准仍有差距，亟需以产业数字化建设为突破口，让数据成为新的生产要素，推进数字化绿色生产方式。

培育"数字+生态环保"新兴产业。以绿色低碳转型为导向，推动生态安全、节能环保产业数字化融合工程，加快人工智能、物联网、云计算、数字孪生、区块链等信息技术在安全应急、节能环保、自然生态管护领域的应用，围绕智慧城市、智慧林草、智慧水利、智慧环保等各个领域，推动以生态环保数据精准监测、科学决策辅助和智能环保设备研发等专业化服务的智慧产业发展，构建绿色低碳循环经济体系。以智慧物联网为核心，建设"全品类、全区域、一体化+公共服务"全链路分类回收体系，促进城乡垃圾分类、资源回收"两网融合"，高水平建设无废城市。促进政产学研用相结合，培育一批节能环保"专精特新"小巨人，积极推动绿色低碳新技术和低碳环保设备广泛使用。

推进数字技术改造传统产业。进一步提升科技水平，用现代感知技术做亮做实应用场景。中央网信办重庆国家智能社会治理实验特色基地（环境治理）、生态环境部卫星环境应用中心重庆环境遥感应用基地、长江上游生态环境大数据重庆工程技术研究应用中心要形成有重庆辨识度的应用场景。实施购买诊断服务、财政资金奖补等措施，以数字化采购为切口，支持石化、冶金等高耗能行业采取模拟仿真、智能控制、智能决策等数字化技术，促进生产运营模式升级，带动配套中小企业的数字化转型。推进农业生产经营数字化水平，建立种养、加工、仓储、交易、物流等全链条信息追溯体系，健全农食品全过程质量安全保障机制。深化服务化数字化转型，促进绿色消费、智慧家居等新场景，激发绿色消费需求动能。

创建绿色低碳智慧产业园区。通过公共服务外包，推进产业园区环保监测智慧平台建设，形成"梳理—诊治—服务—优化"的园区数智化管理体系，深化园区企业"亩产效益"（单位能耗产出效益、污染物产出效益）评价，强化企业能效和物耗监管，引导技术改造和落后产能有序退出。推进产业园区、数据中心、通信基站等基础设施的新能源接入和节能技术改造，提高新能源消纳水平，促进能碳协同管理，建设一批近零碳产业示范园区。

2.以产权数字化盘活资源环境要素

推进资源环境要素市场化配置，是实现乡村资源—资产—资本—资金有效转换的基本路径，也是完善生态产品价值实现机制，促进乡村绿色共富的重要突破口。资源环境要素属于不动产资源，其流转过程是以产权交易为中心的信息流、数据流、资金流多流汇聚。要聚焦自然资源资产家底不清的"痛点"、流转不畅的"堵点"和融资变现的"难点",缓解产权数字化交易的制度和技术壁垒,提高资源环境要素市场化配置的广度、深度和效度。

规范资源环境要素数字化管理。夯实乡村自然资源资产确权登记工作,将可交易性集体资源资产信息统一纳入农村产权交易市场备案管理。健全农村产权交易制度和技术规范,完善确权、登记、抵押、流转等配套管理制度。以县域为重点加强农村产权市场数字化建设,探索非标生产要素的计价方式,引导各类涉农产权规范交易,逐步形成多层次农村产权市场体系。促进生态环境权益市场和绿色金融市场之间的业务融通、信息共享。

培育发展自愿性碳普惠市场。加快出台碳普惠体系建设实施方案,完善社会绿色低碳行为的信用系统,建设一批示范性绿色低碳机关、学校和社区,提升社会公众环境治理的参与意愿、责任意识和数字化能力。依托重庆市生态环境服务平台,开展中小微企业、公众减污降碳行为的记录、量化和交易,全面普及数字化绿色生活方式。

3. 以监管数智化提升生态环境治理效能

提升精准监测监管能力。按照山水林田湖草沙一体化修复治理的思路,遵循生态系统整体性规律,以生态环境风险防范预警为重点,运用高新科技装备监测手段,加快传统环境监测向生态环境监测转变,构建现代生态环境监测网络体系。创新政府与社会资本合作模式,推进生态环境监测服务社会化,加强我市水土流失精准治理、生产建设项目智慧监管、碳源(汇)监测等智慧感知体系建设;强化生态环境监测社会化服务全链条监管,确保监测数据"真、准、全"。

提升科学决策分析能力。围绕市委"一号工程",以生态文明数据资源体系为总抓手，提升跨部门、跨地区、跨领域数字化协同治理能力。进一步推进数智平台建设，解决数据汇集实现稳进增效，聚焦系统集成、数据联通，动态汇集、使用频度，逐步形成覆盖全要素、全指标、全过程监管的生态环境"智慧大脑"，统筹推进技术融合、业务融合、数据融合，提升跨层级、跨地域、跨系统、跨部门、跨业务的协同管理和服务水平。打通汇聚环保、电力、经信、电力、统计等多部门数据链，科学研判经济增长、能源消耗、碳排放与污染物等关键因素之间的关联性，为多污染物协同治理、多环境要素协同控制提供决策支撑。

提升综合政务服务能力。以数字化赋能推动生态环境公共服务与市一体化政务服务平台的融合创新，完善重庆市污染防治攻坚、环境质量预警和改善、生态系统保护修复及环境督察信访等数字化应用场景，"让数据多跑路，让群众少跑腿"，充分释放数字化发展红利，通过提供优质公共服务和数字普惠，持续优化营商环境。落实川渝数字生态环境协议。服务成渝地区双城经济圈建设"一号工程"，在数字经济主线背景下聚焦数字化转型和企业降本增效，制定川渝生态环境数据集成联通规范，强化数据使用和管理规定，推进卫星遥感、智能AI技术大规模应用于生态环境行业和川渝通办。同时，学习先行地区成功经验，强化"整体智治"理念，加快数字化平台建设与应用。

第七章

努力筑牢长江上游生态屏障

重庆地处长江上游和三峡库区腹心，境内长江干流691公里，三峡库区是全国最大的淡水资源战略储备库，维系着全国35%的淡水资源涵养和3亿多人饮水安全，对长江中下游地区生态安全承担着不可替代的作用。筑牢长江上游生态屏障，事关国家发展全局。美丽重庆建设大会强调指出，建设美丽重庆不仅是重庆一域一地自己的事，更是影响全国生态文明建设全局的大事，直接关系现代化新重庆建设的底色，直接关系重庆以一域服务全局的成色。

一、构建生态空间新格局

习近平总书记指出："推动长江经济带发展，前提是坚持生态优先，把修复长江生态环境摆在压倒性位置，逐步解决长江生态环境透支问题。这就要从生态系统整体性和长江流域系统性着眼，统筹山水林田湖草等生态要素，实施好生态修复和环境保护工程。"[1]中共重庆市委书记袁家军在美丽重庆建设大会上强调，要高水平建设美丽重庆，打造人与自然和谐共生现代化市域范例。

（一）优化生态空间布局

重庆坚持把建设山清水秀美丽之地摆在突出位置，与国家区域发展重大战略通盘考虑、有机贯通，立足生态系统性的整体性，推进区域协同治理，不断筑牢长江上游生态屏障。

一是统筹布局生态空间。结合重庆自然地理格局、地质环境演

---

[1] 习近平：《在深入推动长江经济带发展座谈会上的讲话》，《求是》2019年第17期。

变、生态系统状况、生态功能定位等关键问题，以及结合"一岛两江三谷四山"为试点区域开展生态修复的实践经验，衔接重庆国土空间布局和"三线一单"管控要求，构建以长江、嘉陵江、乌江、大巴山、巫山、武陵山、大娄山为主体，以平行山岭、次级河流、生态廊道为主脉，以重要独立山体、大中型湖库以及各类自然保护地为补充的"三带四屏多廊多点"复合型、立体化、网络化生态安全格局。所谓"三带"，即长江、嘉陵江、乌江组成的生态涵养带；"四屏"，即大巴山、巫山-七曜山、武陵山、大娄山组成的生态屏障；"多廊"，即缙云山、中梁山、铜锣山、明月山、云雾山等23条平行山岭，大宁河、涪江、阿蓬江、渠江等39条次级河流，以及供各类保护物种迁徙扩散的生态廊道；"多点"，即樵坪山、云篆山等67座重要独立山体，长寿湖、龙水湖等125座大中型水库以及217处自然保护地。

二是构筑协调发展格局。立足"三带四屏多廊多点"的生态安全总体格局，结合"一区两群"生态现状、生态功能、生态需求、生态价值，考虑生态系统的原真性和整体性，构建以长江流域与城市双城经济圈、"一区两群"区域协同治理的生态保护修复格局，突出中心都市区高质量发展重要增长极和成渝地区双城经济圈核心引擎定位，彰显山城、江城特色，努力实现人城山水和谐共生；打造渝东北三峡库区城镇群生态优先绿色发展示范区，优化丰都、忠县、万州、云阳、奉节、巫山6个江城空间布局，完善功能、提升品质，建成长江绿色经济走廊；绘就渝东南武陵山区城镇群文旅融合发展示范区，彰显山地和民俗特色，建设乌江画廊、武陵山区民俗风情旅游带、民俗生态旅游。

（二）建立绿色发展管控体系

基于重庆生态基底状况，兼顾生态安全总体格局，分区实施生态保护修复重点工程，强化国土空间管控，建立水生态环境精细化管控体系，提升湿地、矿山生态修复，水土流失、农田、城市道路等多方面综合治理能力。

一是严格国土空间用途管控。国务院关于全面推进美丽中国建设的意见中再次强调，坚决守住18亿亩耕地红线，确保可以长期稳定利用的耕地不再减少，重庆市严格落实生态保护红线、永久基本农田、城镇开发边界等功能空间控制线。开展生态保护红线勘界定标，建立生态保护红线监测网络，并纳入国土空间规划"一张图"实施监督信息系统严格用途管控，完善全市生态保护红线监管平台和生态保护红线台账数据库，与国家生态环境保护红线监管平台实现信息共享。深化成渝地区双城经济圈水生态环境共建共保，协同推进长江、嘉陵江、乌江、岷江、涪江、沱江等生态廊道建设。

二是引导推动绿色低碳转型发展。全面推行"生态+""+生态"发展新模式，推动传统产业绿色转型升级，构建以产业生态化和生态产业化为主体的生态经济体系。大力推进传统产业工艺、技术、装备升级，实现绿色低碳转型，实施清洁生产水平提升工程，推动重庆经开区等打造国家绿色产业示范基地，全面推进广阳岛片区开展长江经济带绿色发展示范，建立健全生态产品价值实现机制。

三是推动全流域精细化分区管控。加强"三线一单"成果在政策制定、环境准入、园区管理、执法监管等方面的应用，加强"三线一单"实施成效评估。研究构建水陆统筹的水功能区划体系，衔接国土空间规划分区和用途管制要求，优化调整具体水域功能定位及水生态环境保护目标，协调水资源开发利用与水生态环境保护。

（三）强化生态要素系统防治

充分考虑生态系统的整体性、系统性及其内在发展规律，统筹考虑自然生态各要素，进行整体保护、系统修复、综合治理，增强生态系统循环能力。

一是推进山水林田湖草等要素系统治理。从生态系统整体性和流域系统性出发，牢固树立"山水林田湖草是一个生命共同体"的理念，开展山上山下、地上地下及流域上下游整体保护、系统修复、综合治理，从全局谋划一域、以一域服务全局。突出"山为骨、水为脉，林田湖草为肌体"的布局思路，扎实推进了国土绿化行动，实施"守好山""治好水""育好林""理好田""净好湖""植好草""护好鱼"7项主要任务，涉及21项子工程、71个具体项目①，强化生态屏障涵养水源、繁育生物、释氧固碳、净化环境等功能，形成人与自然和谐共生的生态格局。

二是实施减污降碳协同增效。推动构建以排污许可制为核心的固定污染源监管制度体系，全面推行排污许可"一证式"管理，组织开展排污许可证后管理专项检查，强化固定污染源"一证式"执法监管，加强自行监测、执行报告等监督管理。探索构建生态碳汇体系，结合地形地势因地制宜推动湿地、公园等建设，强化冬水田、生态缓冲带、水源涵养林等建设，开展城市污水处理厂尾水发电试点，探索开展山水林田湖草生态固碳增汇工程。

二、擘画绿色发展新蓝图

习近平总书记指出"绿水青山就是金山银山"，要建设"以产

---

① 《重庆市筑牢长江上游重要生态屏障"十四五"建设规划（2021—2025年）》，来源于：https://www.cq.gov.cn/zwgk/zfxxgkml/szfwj/qtgw/202105/t20210526_9329658.html，2021年4月27日。

业生态化和生态产业化为主体的生态经济体系"①。重庆坚决担起"在推进长江经济带绿色发展中发挥示范作用"的使命，深化生产体系低碳转型，推动全市经济高质量发展。

（一）加快产业结构绿色低碳转型

全国率先发布实施"三线一单"并研发使用智检服务系统，助推经济结构调整和产业转型升级，依托产业本底优势和转型需求，立足能源禀赋实际，推动绿色产业发展，实现产业结构转型。

一是培育壮大绿色产业。大力发展绿色低碳新技术、新产业、新业态，不断扩大绿色新兴产业在重庆市制造业中的增长占比，2022年，工业战略性新兴产业增加值和高技术制造业增加值占规模以上工业增加值的比例近一半。②围绕智能网联新能源汽车、新型电子产品、先进材料、专业软件开发、节能环保装备、清洁能源及储能等绿色新兴产业不断引优培强，2022年，新能源已成为重庆汽车产业创造增量的"绝对主力"，新能源汽车产量达到36.5万辆，同比增长140%；连续9年成为全球生产规模最大的笔电基地，形成配套企业上千家，其中西永微电园年产智能终端1亿台件以上，每秒生产电脑2.8台，实现全球三成的笔电都是"重庆造"；③重庆启动软件和信息服务业"满天星"行动计划，软件业务收入达2705亿元，同比增长10.5%，加快培育"启明星""北斗星"软件企业，新增软信企业3500余家，新增从业人员5万余人。以污染防治和节能降碳需求为导向，推动节能环保产业与现代服务业融合发展，重点发展污染治理集成总包、专业节能、先进环保和清洁生产服务，2022年，万元规模工业增加值能耗0.681吨标准煤，同比下降

---

① 习近平：《推动我国生态文明建设迈上新台阶》，《求是》2019年第3期。
② 《2022年重庆市国民经济和社会发展统计公报》，《重庆日报》2023年3月17日第10版。
③ 《重庆提速打造国家重要先进制造业中心》，《重庆日报》2023年6月5日第1版。

0.79%，实现节约39万吨标准煤，节水109万吨，综合利用固废277万吨，减排二氧化碳92万吨，二氧化硫、烟尘等各类污染物减排20%以上，2021—2022年共计完成242家企业国家节能诊断服务，支持企业深挖节能潜力，持续提升能效水平。

二是推动制造业数字化转型。深化大数据、人工智能、5G、工业互联网等新一代信息技术应用，赋能绿色制造，2018年开始，重庆启动实施以大数据智能化为引领的创新驱动发展战略行动计划，逐步实现从制造到"智造"的转变，通过实施"一企一策"定制技改转型方案，带动了重庆汽摩、电子、装备等传统优势产业向高端化、智能化、绿色化迈进。支持企业开展"智能+绿色"协同改造，建设绿色智能工厂，2022年，重庆已累计实施5578个智能化改造项目，建成127家智能工厂、734个数字化车间，有效提升制造业发展质效，生产效率平均提升近60%、运营成本平均降低21.5%、产品不良率平均降低40.7%，带动规模工业全员劳动生产率由2017年的32.5万元/人提高至45.8万元/人。利用大数据智能化牵引产业转型，统筹绿色低碳数据和工业大数据资源，引入禾赛科技等软件项目169个，落地腾讯西南总部二期等项目61个，以及广域铭岛、海尔卡奥斯、树根等一批工业互联网头部企业进驻重庆，加速推动数据汇聚、共享和应用，能有效提升企业碳足迹、水足迹等追溯分析能力。

三是构建低碳发展产业布局。围绕"一区两群"区域融合发展，结合本地比较优势，在分工协作中促进相对平衡，通过差异化发展，形成了各具特色的产业集群。中心城区依托科技、教育、金融等方面的优势，推动产业发展全面绿色转型，依法依规推动钢铁、煤炭、水泥、电解铝、火电等行业落后产能应退尽退。主城新区以重点行业企业为牵引，大力实施绿色降碳改造，积极引育清洁能源、新型储能等绿色产业项目，能耗低产出高的汽摩和电子信息两大支柱产业产出约占全市工业的50%，能源消费量占比不足5%。

提升产业链绿色化水平，2021—2022年累计创建市级绿色工厂135家、绿色园区10个，国家级绿色工厂46家、绿色设计产品19种、绿色供应链6条。渝东北三峡库区城镇群、渝东南武陵山区城镇群要因地制宜、循序渐进，已培育形成绿色建材、食品加工、电子信息等特色产业集群，夯实绿色发展本底，依托良好的生态，大力发展乡村旅游、中药材种植、果蔬经济等特色产业，结合区域资源禀赋和自身发展需求，推动生态产品价值实现。

（二）融合生态产业绿色发展方式

学好用好"两山论"、走深走实"两化路"，大力发展"美丽经济"，保护生态与发展产业，一头连着绿水青山，一头连着金山银山，努力实现生态美、产业兴、百姓富有机统一，努力建成智能创新、低碳引领的绿色发展之城，坚持产业生态化、生态产业化。

一是文旅互融，打造绿色城市名片。依托丰富旅游资源，积极推动文旅融合，做大旅游景区和度假区等产品体量，提升长江三峡游轮品质，加强水上游轮游与陆上景区游良性互动，丰富跨区域旅游线路产品供给。打造富有巴蜀特色的世界知名文化旅游目的地，三峡库区通过护生态、开"文矿"，发展脆李、脐橙、红叶、诗城等农业、文旅产业，让群众吃到"生态饭"。[1]推进长江三峡旅游恢复提振，联合培育旅游新产品新业态，现已形成"大武陵""三峡库心·长江盆景"等文旅品牌，"朝辞白帝彩云间""除却巫山不是云"，将长江文化融入到生态山水之中，推进"文化+"赋能三峡旅游产业发展。大力实施城市有机更新，南滨路龙门浩老街通过修缮，再现重庆开埠文化、巴渝文化，长江、嘉陵江"两江四岸"恢复江岸线生态廊道功能，并植入人文元素打造"山城步道"慢行系

---

[1] 周凯：《重庆：推进绿色发展，打造"美丽经济"》，《瞭望东方周刊》2022年第20期。

统,建好群众身边的社区、坡坎崖等特色公园,为市民游客提供更多近水亲山、文脉传承的公共空间,让重庆以"8D魔幻之城"出名成为热门旅游打卡地,催生出文旅产业新业态。2022年,重庆旅游及相关产业实现增加值1063.26亿元;年末全市拥有国家A级景区272个,其中,奉节县白帝城·瞿塘峡景区获评国家5A级旅游景区。①

二是农业互融,赋能绿色乡村振兴。以产业设施化、规模化、标准化、生态化为重点,打造规模化绿色生态农业。大力优化调整农村产业结构,加快油茶、花椒、笋竹、柑橘等特色经果林和国家储备林建设,同步推动生态旅游、生态康养业发展,以全产业链带动全价值链,为乡村产业振兴注入活力。城口"森林人家"农家乐借助地理优势,让游客体验绿色原生态之美;酉阳两罾乡依托金丝楠木,建成金丝楠木乡村旅游景区;南川山王坪镇立足特色产业,形成以中药材、中蜂、乡村旅游为特色的产业发展格局……2022年,全市农林牧渔业增加值2058.63亿元,比上年增长4.1%。开州集中连片发展"开县春橙",综合产值52亿元,农民户均增收2661元。涪陵着力打造榨菜、中药材两大百亿级特色产业链,加快构建"2+X"特色农业产业体系,武隆区荆竹村入选联合国世界旅游组织"最佳旅游乡村"。

三是工业互融,促进产业绿色升级。《中共中央国务院关于全面推进美丽中国建设的意见》提出统筹推进重点领域绿色低碳发展,推进产业数字化、智能化同绿色化深度融合,以科技创新驱动产业变革,推动工业领域减污降碳协同增效,实现工业经济低碳循环发展。曾有"钢城"之称的大渡口区,随着重庆钢铁集团有限公司整体外迁,大渡口区持续转换新旧动能,培育一批新兴产业,已

---

① 《2022年重庆高质量发展报告·绿色发展篇》,来源于:https://tjj.cq.gov.cn/zwgk_233/fdzdgknr/tjxx/sjjd_55469/202307/t20230714_12152900_wap.html,2023年7月14日。

集聚生态环保企业140余家。大力推进供给侧结构性改革，累计去除钢铁产能816万吨、煤炭产能3052万吨、水泥产能420万吨、电解铝产能8.7万吨、火电产能15.2万千瓦。[①]重庆以大数据智能化为引领，大力实施创新驱动发展战略行动计划，新能源汽车、生物医药、高端装备等绿色高端产业链持续完善，2022年，新能源汽车产业、生物产业、新材料产业、高端装备制造产业增加值分别比上年增长1.4倍、7.5%、12.3%和6.5%。

三、续写美丽生态新画卷

习近平总书记指出："深入打好污染防治攻坚战……要集中攻克老百姓身边的突出生态环境问题，让老百姓实实在在感受到生态环境质量改善。"[②]重庆聚焦大气、水、土壤等关键领域，坚持问题导向、注重标本兼治，坚决打赢污染防治攻坚战。

（一）环境质量硬实力稳步提升

统筹推进水资源、水环境治理，保护丰富水能资源，持续改善大气、土壤环境质量，坚持山水林田湖草沙一体化保护和修复，注重综合治理、系统治理、源头治理，全力筑牢长江上游重要生态屏障。

一是水资源保护进一步强化。坚持把修复长江生态环境摆在压

[①]《重庆市材料工业高质量发展"十四五"规划》，来源于：https://wap.cq.gov.cn/index/detail.html?policyId=4538，2022年12月15日。
[②]习近平：《努力建设人与自然和谐共生的现代化》，《求是》2022年第11期。

倒性位置，系统推进上下游、左右岸、干支流、江河湖库协同治理，不断改善长江生态环境和水域生态功能，提升生态系统质量和稳定性，优化沿江产业布局，推动沿江一公里范围内化工企业搬迁整治。2022年，长江干流重庆段水质保持为优，74个国控考核断面水质优良比例为98.6%，高于国家考核目标1.3个百分点。工业、生活、农业面源等污染治理协同强化，开展长江入河排污口排查整治，建设改造城镇排水管网1900公里，地表水水环境质量达标率为99.3%，比上年提升4.3个百分点。地下水水环境质量稳定，城市集中式饮用水水源地水质达标率为100%。①

二是大气环境质量结构更优。通过重点控制交通、工业、扬尘和生活污染，实施网格化精细管控和空气质量精准预报，持续开展冬春季大气污染防治攻坚和夏秋季臭氧污染防控行动，联合生态环境、住建、城市管理和农业等组成跨部门的5个综合督导帮扶组，形成合力督促强化推动大气污染系统治理，淘汰老旧车8.4万辆、推广纯电动车8.5万辆、查处超标车辆和冒黑烟车辆2.7万辆，全年空气质量优良天数为332天，比2021年增加6天。其中，全年空气质量为优和良的天数分别为130天、202天，全年无重度及以上污染天数，蓝天白云已成为常态。②

三是土壤污染防治扎实推进。出台重庆市土壤污染防治行动计划工作方案。市政府与区县政府、区县政府与土壤环境重点监管企业签订土壤污染防治目标责任书，每年分解下达任务；完成农用地土壤污染状况详查，重点行业企业调查完成信息采集和风险纠偏。完成建设用地土壤污染状况调查321块、污染地块修复19块，提供

---

① 《2022年重庆市山清水秀美丽之地建设监测报告》，来源于：https://tjj.cq.gov.cn/zwgk_233/fdzdgknr/tjxx/sjjd_55469/202308/t20230809_12226757.html，2023年8月9日。
② 《2022重庆市生态环境状况公报》，来源于：https://sthjj.cq.gov.cn/hjzl_249/hjzkgb/202306/t20230601_12019662_wap.html，2023年6月1日。

净地面积2490亩，①重点建设用地安全利用有效保障，受污染耕地安全利用率达到国家要求，土壤和地下水环境质量总体稳定。切实加强面源污染治理，深入实施农村"厕所革命"，完成农村人居环境综合整治。

四是生态保护修复持续完善。推进长江生态环境系统性保护修复，加强生态廊道建设和三峡库区生态综合治理，加快长江国家文化公园建设，筑牢长江上游重要生态屏障，大力实施国土绿化行动，推进"两岸青山·千里林带"建设，森林质量和国土绿化水平进一步提升，完成营造林面积33.33万公顷，森林覆盖率为55.0%，比上年提升0.5个百分点。持续优化"一区两群"空间布局，建设国际化、绿色化、智能化、人文化的现代城市，新增城市绿地1500公顷，城市建成区绿化覆盖率为42.5%，人均公园面积达16.33平方米。山水林田湖草沙一体化保护和修复工程项目持续推进，生态屏障功能逐步增强，"一岛两江三谷四山"试点区域取得成效，广阳岛打造"长江风景眼、重庆生态岛"入选"中国生态修复典型案例"，缙云山"绿肺"和天然屏障功能得到有效修复，"山清、水秀、林美、田良、湖净、草绿"的治理目标初步显现。截至2022年，重庆市有自然保护区58个，其中，国家级自然保护区7个，治理水土流失面积1617平方公里，签约落地国家储备林项目415万亩，治理石漠化49.39万亩。全面落实长江保护法，完成长江"十年禁渔"退捕任务，开展水域巡护9.9万余公里，增殖放流珍稀特有鱼类153余万尾。

（二）人城山水共筑宜居环境

依托"四山、三谷、两江"的区域自然地理格局和生态环境本

---

① 《重庆　舒展美丽新画卷　绿色发展路正宽》，《人民日报》2023年3月2日第19版。

底，重庆进一步提升污染治理水平，增强城市韧性，提升居民生活品质，让群众幸福感更足。

一是优化绿色人居环境。以"两江四岸"整治和老旧小区改造为抓手，调整码头、工厂、市场等功能布局，恢复沿江岸线生态廊道功能，推动城市有机更新，全面贯通109公里滨江岸线，高标准建设滨江生态长廊，累计建成各类公园2000多个，中心城区规划建设"街巷、滨江、山林"等类型山城步道17条、约353公里，已有10条、约300公里完工。深入打好污染防治攻坚战，坚持精准、科学、依法治污，持续加强大气、水、土壤等重点环境问题治理，2022年，重庆全市化学需氧量、氨氮、氮氧化物、挥发性有机物重点工程减排量分别为2.46万吨、0.28万吨、3.15万吨、0.46万吨，完成国家下达的年度目标任务。同时，深化全域"无废城市"建设，建立覆盖全市的生活垃圾无害化处理体系，生活垃圾"日产日清"，无害化处理率持续保持100%，中心城区实现"原生生活垃圾零填埋、全焚烧"。

二是公众生态满意度提升。坚持减污降碳协同增效，聚焦大气、水、土壤等关键领域，系统推进生态环境保护，持续改善生态环境质量，随着环境污染防治工作的扎实推进，公众对生态环境的满意度也逐年提升，重庆生态环境质量满意度为94.1%，较2021年提升1.2个百分点，体现了公众对生态环境的获得感、幸福感和安全感显著增强。

四、推进生态文明制度新探索

习近平总书记指出："提高生态环境治理体系和治理能力现代

化水平。健全党委领导、政府主导、企业主体、社会组织和公众共同参与的现代环境治理体系，构建一体谋划、一体部署、一体推进、一体考核的制度机制。"①

（一）严格落实主体责任

深化落实河长制、林长制，落实地方党委政府保护发展自然资源的主体责任，保护好绿水青山。研究建立国土空间生态保护修复绩效评价与考核制度体系，制定国土空间生态保护修复绩效的评价方法、评价指标和评价标准，推行领导干部自然资源资产离任（任中）审计。深入实施生态环境损害赔偿制度，落实污染者付费、损害者赔偿责任，推动企业主动承担环境治理主体责任，投入资金用于生态保护和修复。

（二）全面推行河长制、林长制

落实重庆市总河长令（第5号），全面推行了河长制，管好河流和水库等重要水资源，创新实施了"双总河长制"，即由市、区县、街镇三级党政"一把手"同时担任"双总河长"，建立了市、区县、街镇三级"双总河长"架构和市、区县、街镇、村社区四级河长体系。2022年，分级分段设置1.83万名河长，实现全市5300余条河流、3000余座水库"一河一长"全覆盖，②推进"智慧河长"系统支撑河长制日常管理工作。自重庆南岸区启动林长制试点以来，试点区县已扩大至15个，试点区县的各级林长各司其职，针对森林资源乱侵占、乱搭建、乱采挖、乱捕食等"四乱"突出问题

---

① 习近平：《努力建设人与自然和谐共生的现代化》，《求是》2022年第11期。
② 《河清水美，重庆全面推行河长制成效显著》，来源于：https://politics.gmw.cn/2023-02/18/content_36375080.htm，2023年2月18日。

开展专项整治行动，为筑牢长江上游重要生态屏障、加快建设山清水秀美丽之地保驾护航。

（三）创新开展跨省河流联防联控

依托成渝地区双城经济圈建设，与四川省、贵州省正式签订跨省河流联防联控合作平台，推动建立跨境生态保护红线管控协调机制，开展生态保护红线联合检查和执法专项行动。共同推进区域内长江、嘉陵江、乌江、岷江、涪江、沱江等生态廊道建设。开展长江、嘉陵江、渠江等流域污染治理省际合作试点，开展跨界河流联合巡查。实施三峡库区水土流失综合治理，共同推进三峡库区及上游生态清洁小流域建设。完善跨省市水体监测网络建设，建立上中下游水质信息共享和异常响应机制。加大跨界执法沟通合作力度，共同预防突发环境事件。协同推进生态环境标准统一，建立沟通协调、跨区域生态环境标准合作制（修）订机制。统一两地企业环境信用评价指标体系，强化企业环境信用信息共享。

（四）探索多元生态补偿机制

国务院关于全面推进美丽中国建设的意见中提到，进一步发展全国碳市场，稳步扩大行业覆盖范围，丰富交易品种和方式，建设完善全国温室气体自愿减排交易市场。重庆作为碳交易的先行者，积极探索政府纵向转移支付与地区间横向生态补偿相结合的多元化生态补偿机制，探索建立生态环境损害赔偿制度，稳步推进建立流域横向生态保护补偿机制，完善排污权、碳排放权、生态地票交易机制，江北区与酉阳县签订了全国首个"横向生态补偿提高森林覆盖率协议"，在全国率先推动森林覆盖率指标区县间横向交易。出台《重庆市深化市内流域横向生态保护补偿机制实施方案》，在市内流域面积500平方公里以上跨区县的19条重要次级河流建立新一轮横向生态保护补偿机制，推动补偿工作由试点阶段转入稳定施行，上下游区县政府间建立起以横向转移支付为主要方式的长效补偿制度。

（五）健全生态产品价值制度

探索规划自然资源领域多元化生态产品价值实现路径，深入剖析案例背景、价值实现方式和路径、利益分配等，从典型案例中总结提炼理论框架，形成可复制、可推广的实践模式；在深化排污权、碳排放权、碳汇、水权交易基础上，探索生态产品公共资源交易市场建设，探索生态产品入市规则；鼓励企业和社会参与，以环境服务许可方式购买水源涵养、生态固碳等生态产品；支持重要生态功能区与受益地区建立共建园区、飞地经济等区域合作形式，打通生态产品价值实现的市场通道；健全优化生态产品消费市场，健全物质化生态产品质量认证制度，引导对绿色标识产品消费，扩大绿色认证产品的影响力和可信度。统筹实施山水林田湖草整体保护、系统修复和综合治理，增强生态产品供给能力，提升生态产品综合效益，强化国土空间用途管制和耕地保护，为生态产品价值实现提供支撑。

五、充分挖掘绿化新潜力

2022年3月，习近平总书记在参加首都义务植树活动时指出，林草兴则生态兴，森林是水库、钱库、粮库、碳库。重庆市以"两岸青山·千里林带"等林业重点工程为牵引，加大森林抚育、退化林修复力度，优化森林结构和功能，提高森林生态系统质量、稳定性和碳汇能力。

（一）精准提升森林质量

开展"两岸青山·千里林带"示范建设工程项目，聚焦长江上中游岩溶石漠化地区、大巴山区、三峡库区、武陵山区，实施山地林草系统治理，打造样板工程，形成可复制、可推广的经验。

实施区域：在长江干流及三峡库区回水区，嘉陵江、乌江和涪江重庆段两岸第一层山脊线范围内或平缓地区江河两岸外1000米左右实施"两岸青山·千里林带"建设。

统筹"三类四带"空间格局：按照峡谷生态屏障类、浅丘产业生态屏障类、城镇功能生态屏障类"三种类型"实行分类指导，对滨江生态隔离带、中山生态产业发展带、高山生态防护林带、消落区固土涵养生态带"四带"进行空间统筹，实施森林数量、质量和综合效益"三提升"项目，开展系统综合治理，增加岸线植被覆盖，增强生态防护和森林防火功能，丰富两岸生态风貌，同步提升"两岸青山·千里林带"的生态和经济效益，促进城乡融合发展，实现生态美、产业兴、百姓富。

建设现状及远期目标：2021年，重庆正式启动"两岸青山·千里林带"林业重点工程，现累计完成95.7万亩"两岸青山·千里林带"建设任务，全市森林覆盖率达55.04%，[1]长江重庆段两岸森林植被增加，水土流失减少，生物多样性更丰富，三峡库区生态环境和水域生态功能得到有效改善。目标到2025年，实施营造林任务

---

[1] 《"两岸青山·千里林带" 今年重庆将完成50万亩建设任务》，《重庆日报》2023年3月15日第4版。

200万亩，构建以长江、嘉陵江、乌江和涪江为主体，其他支流、湖泊、水库、渠系为支撑的绿色生态廊道。[①]

（二）适地适树分区造林

"两岸青山·千里林带"建设以宜林荒山荒地荒滩、荒废受损山体、退化林地草地为主开展绿化，以全面推行林长制、落实重庆3号总林长令为抓手，抓好保护修复，统筹生态空间、生产空间、生活空间，将绿化与美化结合起来，提升城市人居环境和生态屏障功能。

三峡库区核心区：涉及丰都、石柱、忠县、万州、云阳、开州、奉节、巫山8个区县，着力提升长江两岸森林数量与质量，促进自然生态系统质量整体改善，提升益林、护山、固土、涵水、拦污、维护生境等生态屏障综合功能；选择适宜有较高季相变化的树种开展营造林，丰富两岸森林层次结构，凸显四季自然变化，提高生态景观品位，建设成风景带、旅游带、经济带；统筹推进国家森林城市、森林乡村创建、沿江城镇坡地绿化和公园建设，增加农村山体、农田林网和"四旁"绿化，科学调整农业种植结构，引导发展绿色产业，促进城乡融合发展。

乌江支流：涉及涪陵、武隆、彭水、酉阳4个区县，推进滨江生态景观带、山体中部生态产业带、山体上部生态防护带建设，提高滨江两岸植被覆盖度，优化林分结构，提升森林质量；以栽种女贞、栾树、柏木等乡土树种为主，保护峡谷地区自然生态环境和生物多样性，为"三峡红叶""乌江画廊"等森林生态增绿添景；保护自然岸线，提高岸线资源利用率，融合区域少数民族文化，推进

[①]《重庆市科学绿化试点示范市建设实施方案》，来源于：https://lyj.cq.gov.cn/zwgk_237/zfxxgjml/zcwj/qtwj/202312/t20231205_12652743.html，2023年5月17日。

亲水步道、滨水空间建设。

丘陵谷地区：涉及渝中、渝北、大渡口、江北、沙坪坝、九龙坡、南岸、北碚、巴南、长寿10个区县全域，以及江津、涪陵部分区域，着力增加两岸植被覆盖，促进自然生态系统质量的整体改善；在中心城区和沿江重点城镇，开展江河岸线近绿亲水生态修复，栽种桂花、玉兰、紫薇、红梅等花卉苗木，在丘陵低山地区，重点布局柑橘、笋竹、荔枝、龙眼等特色经果林，结合乡村振兴，建设森林乡村，发展乡村旅游、森林康养等生态产业，实现增绿与增收双赢；统筹推进国家森林城市、森林乡村创建、沿江城镇坡地绿化和公园建设，科学调整农业种植结构，促进城乡融合发展。

嘉陵江支流：涉及潼南、合川、铜梁3个区县，推进嘉陵江两岸滨江生态景观带、山体中部生态产业带、山体上部生态防护带建设，提高滨江两岸植被覆盖度，优化林分结构，提升森林质量。

第八章
重庆城乡大美格局建设状况

2023年12月19日至20日召开的中央农村工作会议上，习近平总书记强调："各级党委和政府要坚定不移贯彻落实党中央关于'三农'工作的决策部署，坚持农业农村优先发展，坚持城乡融合发展，把责任扛在肩上、抓在手上，结合实际创造性开展工作，有力有效推进乡村全面振兴，以加快农业农村现代化更好推进中国式现代化建设。"①

2023年8月16日召开的美丽重庆建设大会上，重庆市委明确把城乡大美格局显著提升作为未来五年的目标，要把美丽都市、美丽县城、美丽城镇、美丽乡村一体建设、系统提升，要让全城整体风貌明显改善，宜居宜业宜游的城乡美丽画卷基本绘就。当前，重庆全市生态现代化、新型城镇化与乡村振兴协调发展方面已取得了较好成效。

一、协调发展评价模型

（一）指标体系构建

基于生态现代化、新型城镇化与乡村振兴三系统之间的相互作用关系，将2006—2021年重庆市生态现代化、新型城镇化和乡村振兴作为3个一级指标，并设置14个二级指标和79个三级指标，构成生态现代化—新型城镇化—乡村振兴指标体系，依科学性、全面性和可操作性，并根据重庆市发展现状进行创新调整。

新型城镇化指标体系有人口城镇化、经济城镇化、空间城镇

---

① 《中央农村工作会议在京召开——习近平对"三农"工作作出重要指示》，《人民日报》2023年12月21日第1版。

化、社会城镇化、环境城镇化、文化城镇化6个二级指标,各二级指标下含5个三级指标。乡村振兴指标体系有产业兴旺、生态宜居、乡风文明、治理有效、生活富裕5个二级指标,各二级指标下含5个三级指标。生态现代化指标体系[①]有生态水平、生态压力、生态响应3个二级指标,各二级指标下含8个三级指标。

表8-1 新型城镇化指标体系

一级指标	二级指标	三级指标	属性	二级指标	三级指标	属性
新型城镇化	人口城镇化	城镇单位就业人员(万人)	+	社会城镇化	每一城镇常住劳动力负担人数(人)	-
		城市人口密度(人每平方公里)	+		城镇居民恩格尔系数(%)	-
		城镇化率(%)	+		每万人拥有城市卫生技术人员数(人)	+
		第三产业就业人员占比(%)	+		发电量(亿千瓦时)	+
		每十万人口高等学校平均在校生数(人)	+		公路营运汽车拥有量(万辆)	+
	经济城镇化	城镇居民人均可支配收入(元)	+	环境城镇化	城市污水日处理能力(万立方米)	+
		城镇居民人均消费支出(元)	+		城市排水管道长度(万公里)	+
		城镇登记失业率(%)	-		城市绿地面积(万公顷)	+
		第三产业占地区生产总值比(%)	+		城市用水普及率(%)	+
		地方财政一般预算收入(亿元)	+		城市燃气普及率(%)	+

[①]中国现代化战略研究课题组、中国科学院中国现代化研究中心:《中国现代化报告2007:生态现代化研究》,北京大学出版社2007年版,第43页、169—172页。

续表

一级指标	二级指标	三级指标	属性	二级指标	三级指标	属性
	空间城镇化	建成区面积（平方公里）	+	文化城镇化	移动电话用户（万户）	+
		城市道路照明灯（盏）	+		每百户城镇常住家庭拥有彩色电视机（台）	+
		城市人均房屋建筑面积（平方米）	+		艺术表演团体机构数（个）	+
		公路里程（万公里）	+		博物馆机构数（个）	+
		人均城市道路面积（平方米）	+		公共图书馆总藏量（万册）	+

表8-2　乡村振兴指标体系

一级指标	二级指标	三级指标	属性	二级指标	三级指标	属性
乡村振兴	产业兴旺	地方财政农林水事务支出（亿元）	+	治理有效	村民委员会单位数（个）	+
		农林牧渔业总产值（亿元）	+		村卫生室数（个）	+
		农业机械总动力（万千瓦）	+		每一农村常住劳动力负担人数（人）	-
		农作物总播种面积（千公顷）	+		乡村就业人口占比（%）	+
		粮食产量（万吨）	+		农村居民最低生活保障人数（万人）	-
	生态宜居	农业用水总量（亿立方米）	+	生活富裕	农村居民人均可支配收入（元）	+
		农作物受灾面积（千公顷）	-		农村居民人均消费支出（元）	+
		农药使用量（万吨）	-		农村居民恩格尔系数（%）	-

续表

一级指标	二级指标	三级指标	属性	二级指标	三级指标	属性
		有效灌溉面积（千公顷）	+		农村人均住房面积（平方米）	+
		农村用电量（亿千瓦时）	+		城乡可支配收入比	-
	乡风文明	农村居民平均每百户年末家用汽车拥有量（辆）	+			
		农村居民平均每百户电视机拥有量（台）	+			
		农村投递路线（公里）	+			
		已通邮的行政村比重（%）	+			
		农村宽带接入用户（万户）	+			

表8-3 生态现代化指标体系

一级指标	二级指标	三级指标	属性	二级指标	三级指标	属性
生态现代化	生态水平	公园绿地面积（万公顷）	+	生态响应	公共厕所数量（座）	+
		建成区绿化覆盖率（%）	+		市容环卫专用车辆设备（台）	+
		公园个数（个）	+		道路清扫保洁面积（万平方米）	+
		森林覆盖率（%）	+		生活垃圾无害化处理率（%）	+
		单位地区生产总值能源消费（万吨标准煤）	-		天然气供气总量（亿立方米）	+

续表

一级指标	二级指标	三级指标	属性	二级指标	三级指标	属性
		人均水资源量（立方米每人）	+		地方财政环境保护支出（亿元）	+
		环境空气质量优良天数比例（%）	+		工业固体废物综合利用率（%）	+
		自然保护区个数（个）	+		水土流失治理面积（千公顷）	+
	生态压力	二氧化硫排放量（万吨）	-			
		工业废气排放总量（亿标立方米）	-			
		工业烟（粉）尘排放量（万吨）	-			
		工业废水排水总量（万吨）	-			
		工业固体废物排放量（压力）				
		突发环境事件次数（次）	-			
		可吸入颗粒物年均浓度（微克每立方米）	-			
		受灾面积（千公顷）	-			

(二) 实证分析方法

1. 考虑时间变量的熵权法

为分析重庆市2006—2021年生态现代化、新型城镇化和乡村振兴三者之间变化趋势和发展状况，首先确定各级指标权重，选取考虑时间变量的熵权法。首先对指标进行标准化，再计算其熵值。

$$r_{ij} = \frac{x_{ij} - \min\limits_{1 \leq i \leq n} x_{ij}}{\max\limits_{1 \leq i \leq n} x_{ij} - \min\limits_{1 \leq i \leq n} x_{ij}} + 0.00001，x_{ij}为正向指标$$

$$r_{ij} = \frac{\max\limits_{1 \leq i \leq n} x_{ij} - x_{ij}}{\max\limits_{1 \leq i \leq n} x_{ij} - \min\limits_{1 \leq i \leq n} x_{ij}} + 0.00001，x_{ij}为负向指标 \quad (1)$$

r_{ij}为标准化处理后的第i年第j个指标的值，其中$i=1,2,3,\cdots,n$，$j=1,2,3,\cdots,m$。

计算第i年第j个指标占研究时段中所有第j项指标的比重

$$p_{ij} = \frac{r_{ij}}{\sum\limits_{i=1}^{n} r_{ij}}，i=1,2,3,\cdots,n, j=1,2,3,\cdots,m. \quad (2)$$

计算第j项指标的熵值

$$e_j = \frac{-1}{\ln(n) \times \sum\limits_{i=1}^{n} p_{ij} \ln(p_{ij})}，其中 0 \leq e_j \leq 1 \quad (3)$$

计算第j项指标的差异系数

$$g_j = 1 - e_j，其中 0 \leq g_j \leq 1 \quad (4)$$

计算第j项指标分别占生态现代化、新型城镇化和乡村振兴一级指标的权重

$$\omega_{1j} = \frac{g_j}{\sum\limits_{j=1}^{r} g_j}$$

$$\omega_{2j} = \frac{g_j}{\sum\limits_{j=1}^{s} g_j} \quad (5)$$

$$\omega_{3j} = \frac{g_j}{\sum_{j=1}^{t} g_j}$$

其中 r、s、t 分别为生态现代化、新型城镇化和乡村振兴一级指标含三级指标数。

计算第 j 项指标占生态现代化、新型城镇化和乡村振兴综合发展水平权重，公式如下：

$$\omega_j = \frac{g_j}{\sum_{j=1}^{m} g_j} \tag{6}$$

2.综合评价和耦合协调度模型

为深入研究2006—2021年重庆市生态现代化—新型城镇化—乡村振兴时空分异、演化趋势和水平测度，计算综合评价指数分析其综合发展水平、耦合度与耦合协调度分析其系统同步发展状况。

综合评价指数：用 U 表示综合评价指数，分别用 U_1、U_2、U_3 代表生态现代化、新型城镇化和乡村振兴的评价指数。针对耦合协调不同层次，由此计算出各贡献度。计算公式为：

$$U = \sum_{i=1}^{n} \omega_j \times r_{ij} \tag{7}$$

$$\begin{aligned} U_1 &= \sum_{i=1}^{n} \omega_{1j} \times r_{ij} \\ U_2 &= \sum_{i=1}^{n} \omega_{2j} \times r_{ij} \\ U_3 &= \sum_{i=1}^{n} \omega_{3j} \times r_{ij} \end{aligned} \tag{8}$$

耦合度测算：耦合度 C 是生态现代化、新型城镇化和乡村振兴相互协调作用程度的强弱，能够表示各地区生态现代化、新型城镇化和乡村振兴三个系统之间的依赖关系。通过借鉴计算容量系数模型的物理方法计算耦合度。计算公式为：

$$C = \frac{3\sqrt[3]{U_1 \times U_2 \times U_3}}{U_1 + U_2 + U_3}, \text{ 其中 } C \in [0,1] \tag{9}$$

D是生态现代化、新型城镇化和乡村振兴三者之间的耦合协调度,划分为10个耦合等级、3类协调程度,耦合协调度越大则等级越高,具体类型及划分标准见表8-4。T为生态现代化、新型城镇化和乡村振兴同步发展指数,α、β和θ为待定系数,考虑生态现代化、新型城镇化和乡村振兴系统之间在各发展阶段互相补偿,且$\alpha+\beta+\theta=1$,故取$\alpha=\beta=\theta=\frac{1}{3}$。耦合协调度公式如下:

$$T=\alpha U_1+\beta U_2+\theta U_3$$

$$D=\sqrt{C\times T} \tag{10}$$

表8-4 耦合协调度等级

耦合协调等级	极度失调	严重失调	中度失调	轻度失调	濒临失调	勉强协调	初级协调	中级协调	良好协调	优质协调
耦合协调度	0~0.1	0.101~0.2	0.201~0.3	0.301~0.4	0.401~0.5	0.501~0.6	0.601~0.7	0.701~0.8	0.801~0.9	0.901~1
协调程度	拮抗区				磨合区			协调区		

3.障碍度模型

为提高生态现代化、新型城镇化和乡村振兴三个系统的综合水平,有必要对各三级指标和各二级指标的障碍因子作用进行测算,分析重庆市生态现代化、新型城镇化和乡村振兴的障碍因素,判断各地区发展困境和未来发展着力点。障碍度模型采用指标因子偏离度、指标偏离度和障碍度三项指标进行因子分析诊断,因子偏离度用指标所占权重ω_j表示;指标偏离度x_{ij}表示单项指标与总目标之间的差距,为三级指标归一标准化后与100%之差;障碍度o_{ij}和O_{ij}分别表示当年三级指标和二级指标对生态现代化、新型城镇化和乡村振兴的影响,是障碍度模型的目标与结果。公式如下:

$$x_{ij}=1-r_{ij} \tag{11}$$

$$o_{ij}=\frac{x_{ij}\times\omega_j}{\sum_{j=1}^{m}(x_{ij}\times\omega_j)} \tag{12}$$

$$O_{ij}=\sum o_{ij} \qquad (13)$$

4.数据来源

选取 2006—2021 年重庆市数据进行实证研究。数据来源于 2006—2021 年《中国统计年鉴》、《重庆统计年鉴》、国家统计局官方网站和重庆市统计局官方网站，缺失数据采用均值插补法和线性插补法补齐。

二、协调发展评价

（一）重庆市生态现代化—新型城镇化—乡村振兴综合评价分析

利用综合评价指数计算重庆市 2006—2021 年重庆市生态现代化—新型城镇化—乡村振兴综合评价得分（见图 8-1），以及生态现代化、新型城镇化和乡村振兴三系统发展水平，纵向分析其发展趋势，横行分析系统间发展差异（见表 8-5）。

表8-5　重庆市三系统综合评价水平

年份	新型城镇化	乡村振兴	生态现代化	年份	新型城镇化	乡村振兴	生态现代化
2006	0.078	0.217	0.135	2014	0.505	0.512	0.494
2007	0.127	0.247	0.164	2015	0.563	0.566	0.556
2008	0.146	0.283	0.197	2016	0.609	0.580	0.646
2009	0.209	0.290	0.195	2017	0.698	0.633	0.731
2010	0.256	0.355	0.255	2018	0.774	0.672	0.743
2011	0.321	0.362	0.385	2019	0.829	0.713	0.796

续表

年份	新型城镇化	乡村振兴	生态现代化	年份	新型城镇化	乡村振兴	生态现代化
2012	0.365	0.477	0.440	2020	0.836	0.731	0.893
2013	0.424	0.480	0.432	2021	0.905	0.830	0.924

由图8-1可知，重庆市生态现代化—新型城镇化—乡村振兴综合发展水平得分随时间演化提高，总体上升趋势基本保持不变，说明重庆市对保持生态环境优良的城乡协调发展的实施效果明显。

由表8-5可知，纵向比较，重庆市生态现代化、新型城镇化、乡村振兴三个系统均在2006—2021年有不同程度的提高。横向比较，乡村振兴得分在2006—2015年均领先其他两个系统，2016—2021年则落后于新型城镇化和生态现代化系统。乡村振兴系统综合评价得分提升了0.613，不及新型城镇化系统的0.827和生态现代化的0.789，表明重庆市农业农村发展虽有较大进步，但其发展速度不及城镇化和生态文明进程。随着对生态文明的重视，2016年生态现代化系统得分领先于其他两个系统。

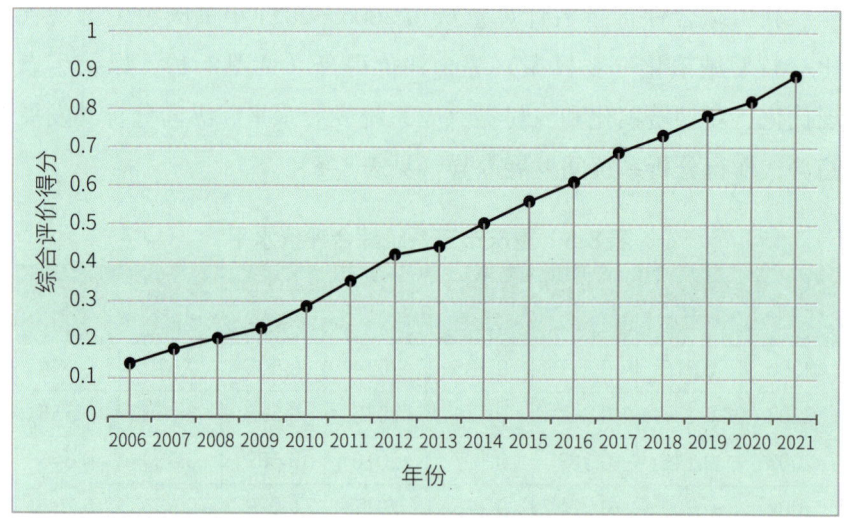

图8-1 重庆市生态现代化—新型城镇化—乡村振兴综合评价指数

（二）重庆市生态现代化—新型城镇化—乡村振兴耦合协调分析

根据式（9）计算生态现代化—新型城镇化—乡村振兴耦合度，分析 2006—2021 年重庆市耦合度（见表 8-6）。重庆市生态现代化—新型城镇化—乡村振兴三系统耦合度处于较高水平，各年份耦合度均处于优质耦合等级，说明重庆市生态现代化、新型城镇化和乡村振兴三者之间存在强关联和强依赖。

表 8-6　重庆市三系统耦合度与耦合协调度

年份	耦合度	耦合协调度	年份	耦合度	耦合协调度
2006	0.91957	0.36297	2014	0.99989	0.70970
2007	0.96262	0.41536	2015	0.99997	0.74930
2008	0.96370	0.44832	2016	0.99903	0.78186
2009	0.98473	0.47738	2017	0.99822	0.82835
2010	0.98763	0.53423	2018	0.99826	0.85344
2011	0.99721	0.59580	2019	0.99801	0.88205
2012	0.99388	0.65191	2020	0.99659	0.90399
2013	0.99852	0.66699	2021	0.99893	0.94087

结合表 8-4 与表 8-6 的数据，可以看出在 2006 年，重庆市的生态现代化、新型城镇化和乡村振兴的耦合协调度仅为 0.36297，属于轻度失调水平。这表明当时重庆市的城乡发展与生态环境进程的协调水平较低。从 2007 年到 2011 年，协调程度仍处于磨合区，表明在这段时期内，城乡发展和生态环境进程之间的协调尚需进一步提升。随着党的十八大提出"大力推进生态文明建设"的战略决策，重庆市生态现代化、新型城镇化和乡村振兴的耦合协调进入了协调区，在 2012 年首次达到初级协调水平。2014 年，《国家新型城镇化规划》发布后，重庆市的耦合协调水平提升到中级协调水平。

党的十九大强调了建设生态文明的重要性，要求形成人与自然和谐发展的现代化建设新格局，2017年，重庆市生态现代化、新型城镇化和乡村振兴耦合协调水平达到良好协调水平，各系统之间的协调性得到了进一步的提高。2020年脱贫攻坚取得全面胜利，并与乡村振兴战略有效衔接，以及重庆市出台一系列深化生态保护和城乡融合发展的政策措施，如实施"三线一单"制度等，这使得重庆市的生态现代化、新型城镇化和乡村振兴的耦合协调度进入了优质协调等级。这意味着在2020年，各系统之间的协调水平达到了较高的水平，有助于实现更加可持续和综合性的发展。

（三）障碍度分析

基于式（12）和式（13）的障碍度模型计算一、二、三级指标障碍度，分析诊断重庆市各年度生态现代化、新型城镇化和乡村振兴三系统障碍度，计算各年份一、二级指标障碍度，判断一、二级指标障碍因子随时间演化情况（见图8-2、图8-3）。计算2006—2021年三级指标障碍因子前五的障碍因子（见表8-7），分析诊断生态现代化—新型城镇化—乡村振兴三级指标障碍因子出现频次（见图8-4）。

由图8-2可知，重庆市2006—2021年三系统障碍度随时间波动，2006年新型城镇化（41.43%）是最主要障碍因子，生态现代化（30.60%）障碍度位列第二、乡村振兴（27.97%）障碍度最低。2006—2016年乡村振兴障碍度缓慢上升，2014—2020年乡村振兴障碍度加速上升，由30.25%上升到46.24%。2018年开始，乡村振兴成为制约重庆市生态现代化—新型城镇化—乡村振兴协调发展的最大因素。生态现代化障碍度在2006—2018年基本保持在27.77%—31.82%之间波动，2020年和2021年生态现代化障碍度大幅下降，分别为18.29%和20.70%，2020—2021年生态现代化成为

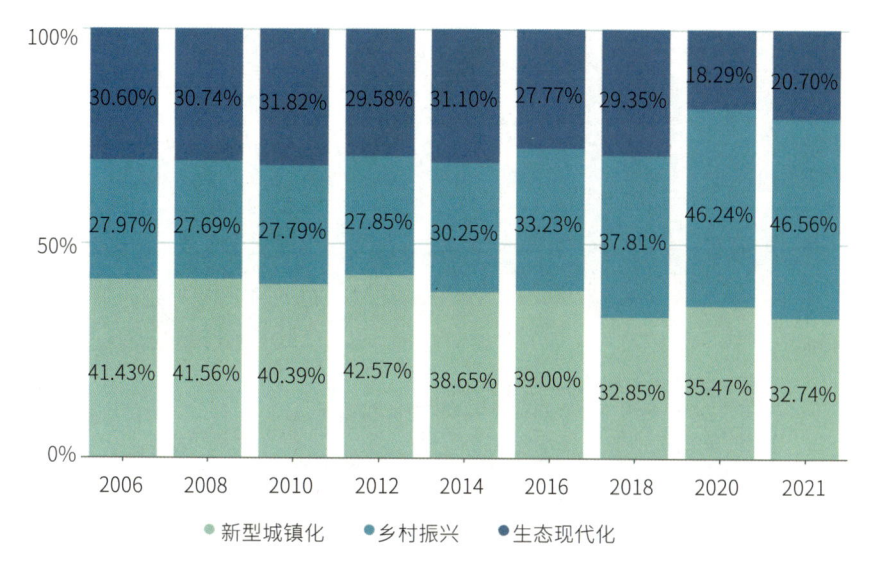

图8-2 重庆市生态现代化—新型城镇化—乡村振兴一级指标障碍度

障碍度最小一级指标。新型城镇化障碍度在2006—2016年保持缓慢下降趋势，由2006年的41.43%逐渐下降为2016年的39.00%，2016—2018年新型城镇化障碍度快速下降到32.85%。

根据图8-3，重庆市的生态现代化、新型城镇化和乡村振兴的二级指标障碍度变化呈现出不同的趋势。在生态现代化的二级指标中，2006年排名前三的障碍因素分别是生态响应、生态压力和生态水平。随着时间的推移，生态响应和生态水平的障碍度逐渐降低，而生态压力的障碍度反而上升，形成了"两降一升"的格局。

在新型城镇化的二级指标中，人口城镇化、经济城镇化、空间城镇化和环境城镇化的障碍度都呈下降趋势，而社会城镇化和文化城镇化的障碍度则呈上升态势，形成了"四降两升"的格局。值得关注的是，2006年空间城镇化的障碍度较高，但到了2021年，其障碍度已经降至0。社会城镇化的障碍度在2006—2010年和2012—2017年逐步下降，但在2017—2021年却逐年上升。文化城镇化的障碍度在2008年首次超过空间城镇化，成为新型城镇化中的最大

143

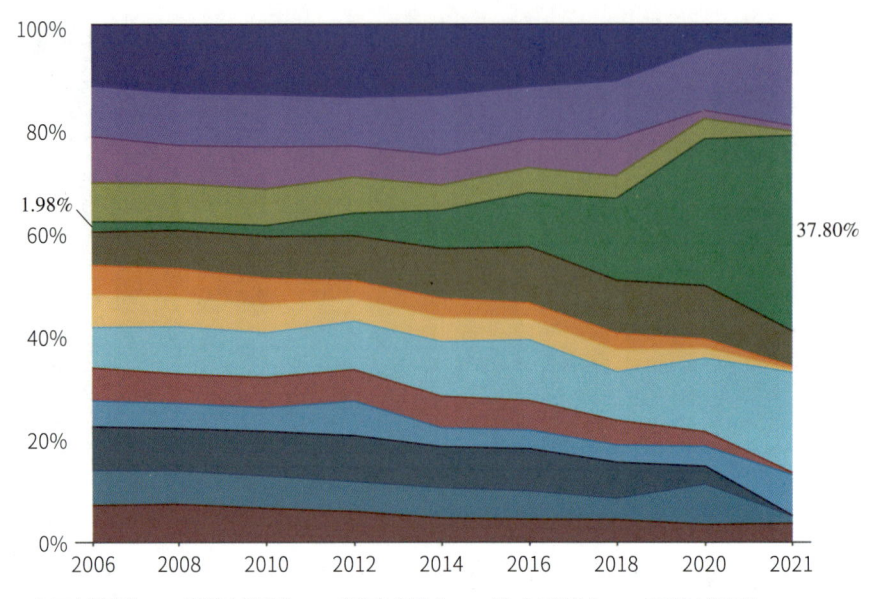

图 8-3　2006—2021 年重庆市生态现代化—新型城镇化—乡村振兴二级指标障碍度

障碍因素。

在乡村振兴的二级指标中，产业兴旺、生态宜居和生活富裕的障碍度大幅下降，乡风文明的障碍度呈现上升后下降的趋势，而治理有效则逐渐成为限制协调发展的主要因素，形成了"三速降、一波动、一急升"的格局。乡风文明的障碍度在 2006—2015 年呈波动上升趋势，但在 2015—2021 年逐渐下降。治理有效的障碍度在 2006 年是最小的（1.98%），但从 2010 年起急速上升，成为最主要的障碍因子（37.80%）。

表8-7　重庆市生态现代化—新型城镇化—乡村振兴三级指标前五障碍因子

年份	第一障碍因子	第二障碍因子	第三障碍因子	第四障碍因子	第五障碍因子
2006	农村宽带接入用户	农村居民平均每百户年末家用汽车拥有量	城市排水管道长度	道路清扫保洁面积	城市道路照明灯
2007	农村宽带接入用户	农村居民平均每百户年末家用汽车拥有量	道路清扫保洁面积	城市道路照明灯	城市排水管道长度
2008	农村宽带接入用户	道路清扫保洁面积	农村居民平均每百户年末家用汽车拥有量	城市排水管道长度	公共厕所数量
2009	农村宽带接入用户	农村居民平均每百户年末家用汽车拥有量	道路清扫保洁面积	城市排水管道长度	艺术表演团体机构数
2010	农村宽带接入用户	公共厕所数量	道路清扫保洁面积	城市道路照明灯	农村居民平均每百户年末家用汽车拥有量
2011	农村宽带接入用户	公共厕所数量	城市道路照明灯	农村居民平均每百户年末家用汽车拥有量	城市排水管道长度
2012	农村宽带接入用户	公共厕所数量	艺术表演团体机构数	城市道路照明灯	农村居民平均每百户年末家用汽车拥有量

续表

年份	第一障碍因子	第二障碍因子	第三障碍因子	第四障碍因子	第五障碍因子
2013	农村宽带接入用户	公共厕所数量	可吸入颗粒物年均浓度	城市道路照明灯	农村居民平均每百户年末家用汽车拥有量
2014	农村宽带接入用户	每一农村常住劳动力负担人数	农村居民平均每百户年末家用汽车拥有量	可吸入颗粒物年均浓度	每百户城镇常住家庭拥有彩色电视机
2015	农村宽带接入用户	每一农村常住劳动力负担人数	每百户城镇常住家庭拥有彩色电视机	村民委员会单位数	农村居民平均每百户年末家用汽车拥有量
2016	每一农村常住劳动力负担人数	村民委员会单位数	农村宽带接入用户	每百户城镇常住家庭拥有彩色电视机	工业废气排放总量
2017	每一农村常住劳动力负担人数	村民委员会单位数	每百户城镇常住家庭拥有彩色电视机	农村宽带接入用户	农村居民平均每百户年末家用汽车拥有量
2018	村民委员会单位数	每一农村常住劳动力负担人数	每百户城镇常住家庭拥有彩色电视机	工业废气排放总量	农村宽带接入用户
2019	村民委员会单位数	每一农村常住劳动力负担人数	每百户城镇常住家庭拥有彩色电视机	工业废气排放总量	人均水资源量

续表

年份	第一障碍因子	第二障碍因子	第三障碍因子	第四障碍因子	第五障碍因子
2020	村民委员会单位数	每一农村常住劳动力负担人数	工业废气排放总量	每百户城镇常住家庭拥有彩色电视机	城镇登记失业率
2021	村民委员会单位数	每百户城镇常住家庭拥有彩色电视机	工业废气排放总量	每一农村常住劳动力负担人数	农村投递路线

根据重庆市生态现代化—新型城镇化—乡村振兴的三级指标第一障碍因子，在2006—2015年，农村宽带接入用户成为制约协调发展的首要因素。2016—2017年，每一农村常住劳动力负担人数成为第一障碍因子。2018—2021年，村民委员会单位数成为第一障碍因子。这些变化反映出在不同时段，农村发展中的重要矛盾和制约因素不断变化，需要因势利导地制定相应的政策措施。

根据重庆市生态现代化—新型城镇化—乡村振兴的三级指标第二障碍因子，农村居民平均每百户年末家用汽车拥有量限制了农民的交通出行。2008年，城市道路清扫保洁面积成为第二障碍因子，说明城市环境问题依然制约着协调发展。2010年开始，公共厕所数量成为突出问题，但随着农村改厕和厕所革命等措施的实施，这一问题逐渐得到解决。2014—2020年，每一农村常住劳动力负担人数和村民委员会数交替成为第二障碍因素。2021年，每百户城镇常住家庭拥有彩色电视机数成为第二障碍因子。

根据重庆市生态现代化—新型城镇化—乡村振兴的三级指标第三障碍因子，城市环境发展方面，可吸入颗粒物年均浓度和道路清扫保洁面积等问题显示城市基础设施建设未能满足城镇化快速发展的需求。同时，城市文化生活方面，艺术表演团体机构等的不足也成为文化生活制约因素。2020—2021年，工业废气排放总量成为突出环境问题。

根据重庆市生态现代化—新型城镇化—乡村振兴三级指标第四障碍因子，在2006—2014年第四障碍因子主要是城市的环境和基础设施问题，工业废气排放总量在2016年成为第五障碍因子后，其障碍度从2018年开始逐年上升。

根据重庆市生态现代化—新型城镇化—乡村振兴三级指标第五障碍因子，2019—2021年第五障碍因子分别是人均水资源量、城镇登记失业率和农村投递路线，在协调发展过程中，会因突发事件的出现形成新的矛盾、新的阻碍，各级政府也会作出如《重庆市筑牢长江上游重要生态屏障"十四五"建设规划（2021—2025年）》《国务院关于进一步做好稳就业工作的意见》《中共中央国务院关于加快建设全国统一大市场的意见》等应对措施。

由图8-4可知，农村宽带接入用户是出现频次最多的障碍因子，2006—2021年的16个年份中出现13次。其次是农村居民平均每百户年末家用汽车拥有量，出现频次是11次。每百户城镇常住家庭拥有彩色电视机以及每一农村常住劳动力负担人数出现频次排第三，为10次。在三级指标前五障碍因子中，属于生态现代化指标体系的三级指标障碍因子出现频次最少，有人均水资源量、可吸入颗粒物年均浓度、公共厕所数量、工业废气排放总量，占16.25%；属于乡村振兴指标体系的三级指标障碍因子出现频次最多，有农村宽带接入用户、农村投递路线、村民委员会单位数、每一农村常住劳动力负担人数、农村居民平均每百户年末家用汽车拥有量，占50%；属于新型城镇化指标体系的三级指标障碍因子有城镇失业登记率、艺术表演团体机构数、道路清扫保洁面积、城市排水管道长度、城市道路照明灯、每百户城镇常住家庭拥有彩色电视，占33.75%。

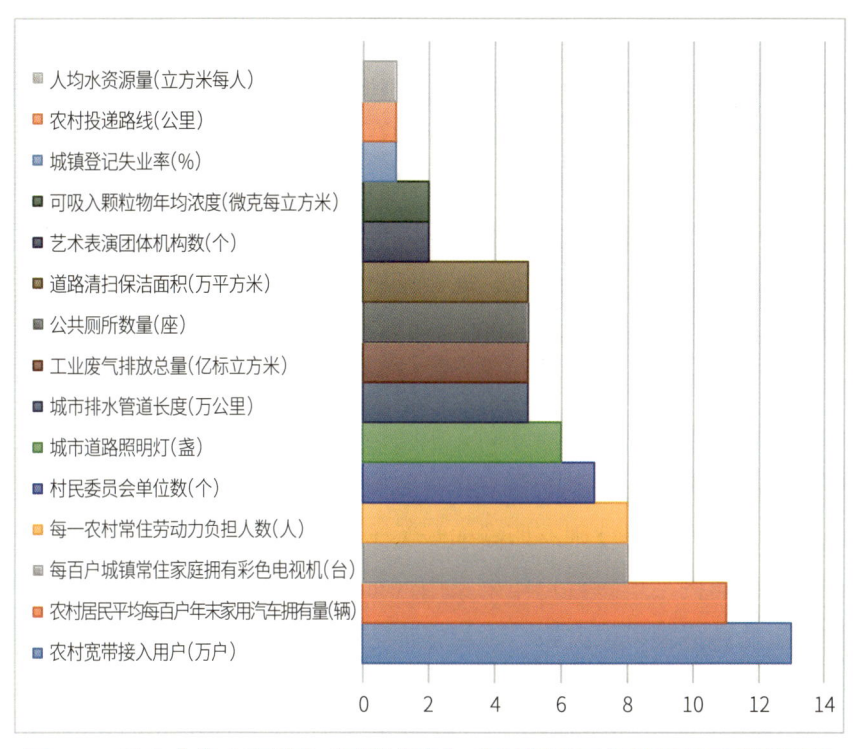

图8-4 重庆市生态现代化-新型城镇化-乡村振兴三级指标前五障碍因子出现频次

三、基本结论

在2006—2021年，重庆市的生态现代化、新型城镇化和乡村振兴综合发展水平呈现逐年提升的趋势，整体呈现相对稳定的升高态势。在这一时段，重庆市在生态现代化、新型城镇化和乡村振兴这三大系统方面均取得了差异程度的前进。尤其值得关注的是，其中新型城镇化系统的综合评价提升程度较为显著。

2006—2021年，重庆市的生态现代化、新型城镇化和乡村振兴三个系统在各个年份均保持着卓越的优质耦合等级。这从侧面说明在这段时期，重庆市的生态现代化、新型城镇化和乡村振兴这三者之间存在着紧密的相互关联和相互依存关系。随着时间的推移，这三个系统之间的耦合协调度逐渐得到加强，从2010年的勉强协调水平上升至2020年的优质协调水平。

在重庆市的生态现代化、新型城镇化和乡村振兴一级障碍度方面，呈现出了一个引人深思的"两降一增"的态势。在这段时间内，生态现代化和新型城镇化的障碍度均呈下降趋势，而乡村振兴的障碍度则逐渐增加。细分到二级指标，治理有效、文化城镇化和生态压力的障碍度明显上升，社会城镇化的障碍度相对稳定，而其他二级指标的障碍度则有所减弱。关于三级指标，农村宽带接入用户、农村居民平均每百户年末家用汽车拥有量、每百户城镇常住家庭拥有彩色电视机以及每一农村常住劳动力负担人数，成为频次最多的三级指标障碍因子。

第九章

做深做实碳达峰碳中和工作

2030年前实现碳达峰与2060年前实现碳中和目标（简称"3060"双碳目标），是以习近平同志为核心的党中央经过深思熟虑作出的重大战略决策。作为长江上游重要生态屏障，做好碳达峰碳中和工作，既是我市推动全面绿色转型发展的重大举措，也是我市当前和今后一个时期在推进长江经济带绿色发展中发挥示范作用的重大任务。当前，重庆市经济发展正处于爬坡上坎、转型升级的关键阶段，对能源需求的高速增长和CO_2排放之间的深层次矛盾将会更加突出。要打赢碳达峰碳中和攻坚战，必须以战略眼光直面挑战、超前布局、补齐短板，扎实推进全市经济低碳和高质量发展。

一、重庆市做深做实碳达峰碳中和工作的重要举措

"3060"双碳目标是我国针对碳达峰、碳中和对国际社会作出的时限承诺，重庆深入贯彻习近平新时代中国特色社会主义思想，全面落实党的二十大和历次全会精神，深入践行绿水青山就是金山银山理念，深学笃用习近平生态文明思想，完整、准确、全面贯彻新发展理念，坚定不移走生态优先、绿色低碳的高质量发展道路，加快推动产业结构、能源结构、交通运输结构、用地结构调整，并完善"1+2+6+N"政策体系，积极稳妥推进碳达峰碳中和。

（一）发展制造新模式，制造业智能化绿色化发展

服务型制造是制造与服务融合发展的新型制造模式和产业形态，是先进制造业和现代服务业深度融合的重要方向。《中共中央

国务院关于全面推进美丽中国建设的意见》强调积极稳妥推进碳达峰、碳中和，近年来，重庆出台系列政策文件（表9-1）推进碳达峰碳中和，积极打造人与自然和谐共生的美丽中国先行区，工业方面出台了《重庆市工业领域碳达峰实施方案》《以实现碳达峰碳中和目标为引领深入推进制造业高质量绿色发展行动计划（2022—2025年）》等系列文件，重庆工业结构不断优化，以智能化、绿色化为引领，推动六大高耗能行业降本增效和转型升级，在淘汰落后产能专项行动中，超额完成"去产能"目标任务。与此同时，战略性新兴制造业高质量发展，2022年新能源汽车产业、生物产业、新材料产业、高端装备制造产业增加值分别比上年增长136.3%、7.5%、12.3%和6.5%。

（二）调整优化能源结构，区域低碳转型成效显著

2023年中央金融工作会议强调，大力支持实施创新驱动发展战略、区域协调发展战略，确保国家粮食和能源安全等，重庆市煤炭、天然气、油料占总能源消费的比重分别从68.3%、10.5%、10.4%优化为45.8%、15.7%、15.8%，燃煤减量替代成效显著。重庆市清洁能源发电装机规模达到1140万千瓦，占全市电力总装机的43.7%，两江燃机二期、丰都栗子湾抽水蓄能等大型清洁能源项目开工建设，川电入渝、疆电入渝取得积极进展，新增风、光等新能源装机规模超30万千瓦，可再生能源配置不断优化。"十三五"期间，全市碳强度累计下降21.9%，超额完成国家下达的19.5%任务，下降幅度高于全国平均水平（18.8%）；全市能源消费总量累计增长1124万吨标准煤，低于国家下达的增长1660万吨的控制目标，能耗强度累计下降19.4%。此外，"成渝氢走廊"正式启动，积极建设国内领先的氢能产业集聚区和特色产业集群，计划到2025年，成渝两地氢燃料电池汽车应用规模达3000辆，氢能产业总产值

1000亿元，中国西部氢谷将成为全国具有影响力的燃料电池关键核心技术自主创新高地。

（三）加强机制体制创新，环境资源市场向纵深发展

《中共中央国务院关于全面推进美丽中国建设的意见》明确指出，深化生态文明体制改革，一体推进制度集成、机制创新。重庆深入贯彻意见精神，加强机制体制创新，成立重庆市应对气候变化发展中心，加快推动近零碳园区试点创建，加快推动全市域"无废城市"和川渝"无废城市"共建，推动环境资源市场向纵深发展。加强制度融合创新，在全国率先建立碳排放管理纳入环评和排污许可制度。截至2022年底，近50份规划和项目环评开展碳评，20余家火电、水泥企业碳排放纳入排污许可证管理。同时，加快推动绿色金融发展，在全国各省市中，唯一全域获批创建绿色金融改革创新试验区，两江新区入选国家首批气候投融资试点名单（全国共23个地区）；建成气候投融资项目库，注册企业14780家，入库项目344个，涉及融资意向3378亿元。

（四）扎实开展攻坚行动，绿色发展迈出坚实步伐

严格落实长江保护法，全面推行河长制、林长制。截至2022年底，重庆市治理水土流失面积7041平方公里，实施地灾重大工程项目319个，完成国家山水林田湖草生态保护修复工程试点、长江"十年禁渔"退捕任务和长江经济带小水电清理整改任务，涉自然保护地问题整改完成率达到99%。成功创建6个国家生态文明建设示范区和5个"两山"实践创新基地，获批绿色金融改革创新试验区，广阳岛片区成为长江经济带绿色发展示范，巫山五里坡国家级自然保护区列入世界自然遗产。三峡后续工作累计实施项目1746

个，总投资289.9亿元。全市森林覆盖率达到55%，城市建成区绿化率达到42.5%，长江干流重庆段水质保持为优，城市生活污水集中处理率超过98%，生活垃圾无害化处理体系覆盖全市，空气质量优良天数稳定在300天以上，PM2.5平均浓度下降30%，单位地区生产总值能耗年均下降2.9%。长江上游重要生态屏障持续巩固，山水之城、美丽之地魅力更加彰显。

表9-1 重庆市推进碳达峰碳中和重要政策文件

序号	文件名称	主要内容
1	《中共重庆市委重庆市人民政府关于完整准确全面贯彻新发展理念做好碳达峰碳中和工作的实施意见》	加快推进经济社会发展全面绿色转型，深入推动产业结构绿色低碳升级，着力构建清洁低碳安全高效的能源体系，加快构建绿色低碳的交通运输体系，全面提升城乡建设绿色低碳发展水平，构建绿色低碳科技创新体系，提高内陆开放高地建设绿色转型发展水平，持续巩固提升生态系统碳汇能力，健全法规和统计监测制度。
2	《重庆市城乡建设领域碳达峰实施方案》	建设绿色低碳城市、全面提高建筑绿色低碳水平、提高基础设施运行效率、优化城市建设用能结构、推进绿色低碳建造、打造绿色低碳县城和乡村。
3	《重庆市工业领域碳达峰实施方案》	优化产业结构，培育壮大绿色产业，构建低碳发展产业布局，坚决遏制高耗能高排放低水平项目盲目发展；深入推进节能降碳，有序调整能源消费结构，持续提升工业能效，推动工业数字化转型。积极推行绿色制造，培育创建绿色低碳工厂，打造绿色低碳工业园区，构建绿色低碳供应链，促进中小企业绿色低碳发展，全面提升清洁生产水平等。

续表

序号	文件名称	主要内容
4	《重庆市碳排放权交易管理办法（试行）》	明确了目的依据、适用范围、职能职责等内容。一是更新办法制定目的，体现国家和我市最新要求。二是完善碳排放权交易管理体制，按照机构改革后的职能职责，调整和明确发展改革、财政、生态环境、市场监管、统计、金融监管等市级有关部门的碳排放权交易管理职责，完善市、区（县）两级生态环境部门碳排放权交易管理职责。三是明确了注册登记机构、交易机构的职责和工作要求。
5	《成渝地区双城经济圈碳达峰碳中和联合行动方案》	成渝地区二氧化碳排放增速放缓，非化石能源消费比重进一步提高，单位地区生产总值能耗和二氧化碳排放强度持续降低，推动实现能耗"双控"向碳排放总量和强度"双控"转变，加快形成减污降碳激励约束机制，重点行业能源资源利用效率显著提升，协同推进碳达峰、碳中和工作取得实质性进展。
6	《以实现碳达峰碳中和目标为引领深入推进制造业高质量绿色发展行动计划（2022—2025年）》	推动现有产业全面绿色转型、培育壮大绿色新兴产业、提升产业链整体绿色发展水平、培育绿色发展市场创新主体、夯实产业绿色发展园区载体、完善产业绿色发展支撑体系。

二、重庆市推进碳达峰碳中和工作进展顺利

目前，各经济体在推动经济增长的同时正面临着环境变化带来

的诸多挑战，环境问题逐步成为制约经济发展的重要瓶颈，[①]由此寻求经济发展与环境保护"和谐共生"的可持续发展战略途径成为全球性重点问题。虽然绿水青山就是金山银山理念已成为全党全社会的共识和行动，全国各地坚持绿色发展，探索发展和保护协同共生的路径，但环境问题仍然是我国推行可持续发展战略过程中面临的一个重大挑战。国际能源署（IEA）统计数据显示，2022年全球与能源相关的二氧化碳排放量达到368亿吨以上，比上年增加3.21亿吨，增幅为0.9%。其中，中国的排放量虽然有略微下降，但仍排放2300万吨，人均二氧化碳排放量与发达国家相比仍存在较大差距。

重庆市作为中西部地区唯一的直辖市，是国家主要的中心大城市，也是中国长江流域上游地区的重要国民经济中枢，还是国家中西部的重点发展战略支点，是"一带一路"的重点联系纽带。近年来，重庆深入贯彻习近平新时代中国特色社会主义思想，全面落实党的二十大精神，深学笃用习近平生态文明思想，完整、准确、全面贯彻新发展理念，坚定不移走生态优先、绿色低碳的高质量发展道路，加快推动产业结构、能源结构、交通运输结构、用地结构调整，碳达峰碳中和有序推进。为更准确地了解重庆碳达峰碳中和推进情况，本节将通过测算二氧化碳排放量表征重庆碳达峰碳中和工作推进成效。

（一）测算方法介绍

目前，并没有官方统计机构公布各年份CO_2排放数据，各学术机构或学者对中国CO_2排放量测算结果也不尽相同。造成这种差异

[①] 林伯强、孙传旺：《如何在保障中国经济增长前提下完成碳减排目标》，《中国社会科学》2011年第1期。

的原因大致可以归纳为三点：一是部分研究只考虑能源消耗所产生的碳排放，未对水泥生产中非能源燃烧造成的碳排放进行分析，如陈诗一和陈登科只考虑了原煤、石油和天然气三种能源消耗所产生的碳排放；二是普遍采用联合国政府间气候变化专门委员会（IPCC）默认的排放因子对中国CO_2排放量进行估算，但中国碳排放数据库（CEADs）研究团队实地调研发现IPCC默认排放因子比中国实际排放因子要高出40%，导致估算结果比实际排放量要高；三是绝大多数研究未考虑化石燃料氧化率的行业异质性。

本部分将参考蔡礼辉等及CEADs的研究方法对中国工业分行业CO_2排放量进行估算。[①]CO_2排放量主要来源于两方面：一方面是化石燃料燃烧排放的CO_2，另一方面是水泥工业生产过程排放的CO_2。对于17种化石燃料燃烧的CO_2排放量，CEADs采用两种不同的方法进行测算，即部门法（Sectoral Approach）和参考法（Reference Approach）。[②]根据IPCC（2006），部门法对各行业化石燃料燃烧所产生的CO_2排放量测算公式如下：

$$CE_{ij}=AD_{ij}\times NCV_i\times CC_i\times O_{ij} \quad (9.1)$$

其中，CE_{ij}是j部门i类化石燃料燃烧的CO_2排放量；AD_{ij}是j部门i类化石燃料的消耗量；NCV_i为i类化石燃料净热量值，即每物理单位化石燃料产生的热值；CC_i为i类化石燃料单位净热量值所产生的CO_2排放量；O_{ij}为氧化率，即j部门i类化石燃料燃烧的氧化转化率。

根据CEADs研究团队的相关研究，参考法测算CO_2排放量的公式为：

$$CE_{ref-i}=AD_{ref-i}\times EF_i \quad (9.2)$$

其中，CE_{ref-i}是i类化石燃料燃烧的CO_2排放量；AD_{ref-i}是i类化

[①] 蔡礼辉、张朕、朱磊：《全球价值链嵌入与二氧化碳排放——来自中国工业面板数据的经验研究》，《国际贸易问题》2020年第4期。

[②] IPCC（2006）也建议同时采用部门法和参考法估算化石燃料燃烧的CO_2排放量，再对两种独立的测算结果进行对比，可相互检验。

石燃料消耗量；EF_i为排放因子。i类化石燃料消耗量又可以通过如下公式计算得出：

$$AD_{ref-i}=Inpr_i+Imp_i-Exp_i\pm Sc_i-Neu_i-L_i \tag{9.3}$$

其中，$Inpr_i$是本国生产的化石燃料；Imp_i为进口的化石燃料；Exp_i为出口的化石燃料；Sc_i为存货变动；Neu_i为非能源使用；L_i为流失的化石燃料。

水泥工业生产过程CO_2排放量测算公式：

$$CE_t=AD_t\times EF_t \tag{9.4}$$

其中，CE_t为水泥工业生产过程CO_2排放量；AD_t为水泥生产量；EF_t为水泥生产的排放因子。通过对化石燃料燃烧的CO_2排放量和水泥工业生产过程的CO_2排放量的测算，[①]得到二氧化碳排放量。

表9-2　各能源排放因子

能源	原煤	洗精煤	其他洗煤	型煤	焦炭	焦炉煤气
单位	（万吨）	（万吨）	（万吨）	（万吨）	（万吨）	（亿立方米）
排放因子	1.9778968	2.792464	0.886478	0.9889484	3.042545	0.7704732

能源	其他煤气	其他焦化产品	原油	汽油	煤油	柴油
单位	（亿立方米）	（万吨）	（万吨）	（万吨）	（万吨）	（万吨）
排放因子	0.2320788	1.9778968	3.0651128	3.0149	3.096733	3.1605132

能源	燃料油	液化石油气	炼厂干气	其他石油制品	天然气	
单位	（万吨）	（万吨）	（万吨）	（万吨）	（亿立方米）	
排放因子	3.2365584	3.1662949	2.6494848	3.0651128	1.9962624	

---

① 参照IPCC及Shan et al.（2018）碳排放测算方法，将水泥生产中的碳排放量计入"非金属矿物制品业"行业。

（二）重庆市二氧化碳排放情况

基于上述测算方法，对重庆市二氧化碳排放情况进行测算，重庆市主要能源消耗产生的CO_2排放量如下表所示（表9-3）。从表中数据可以看出，重庆在生产过程中产生的二氧化碳主要来源于消耗原煤、焦炭、柴油和天然气等，2021年重庆使用原煤所排放的二氧化碳数量最多，达到30.79百万吨，使用天然气排放的二氧化碳仅次于使用原煤所排放的二氧化碳，二氧化碳排放量达到24.18百万吨。使用汽油所排放的二氧化碳位列第三，碳排放量达到12.55百万吨，使用柴油所排放的二氧化碳量为12.34百万吨。

表9-3 部分能源消耗产生的CO_2排放量（百万吨）

年份	原煤	洗精煤	其他洗煤	焦炭	焦炉煤气	汽油	煤油	柴油	液化石油气	天然气
2012年	53.32	24.06	3.29	15.33	0.68	4.36	1.68	12.93	0.51	14.00
2013年	35.34	21.99	0.60	6.35	0.74	4.88	1.83	14.38	0.53	14.14
2014年	34.03	29.36	3.49	9.75	0.55	5.48	1.92	13.42	0.63	16.16
2015年	35.57	28.81	4.28	8.21	0.52	6.03	2.06	15.51	0.64	17.03
2016年	45.04	0.00	7.46	11.69	0.29	6.60	2.51	16.23	0.67	16.80
2017年	38.90	7.82	7.44	11.02	0.50	7.01	2.58	17.11	0.70	18.21
2018年	35.07	2.72	3.90	8.12	0.72	10.82	2.94	12.99	0.80	18.78
2019年	32.85	0.00	3.99	9.32	0.70	12.06	3.16	12.85	0.89	19.11
2020年	36.35	0.00	3.24	9.84	0.78	12.37	2.67	12.22	1.00	19.42
2021年	30.79	0.00	3.09	10.39	0.87	12.55	2.29	12.34	1.11	24.18

与此同时，可以看出重庆在能源使用结构方面在不断完善，2012年重庆市二氧化碳排放量主要来源于原煤、洗精煤和焦炭，使用原煤、洗精煤和焦炭所排放的二氧化碳数量分别为53.32百万吨、24.06百万吨、15.33百万吨，分别占总排放量的40.70%、18.37%、11.71%，这意味着2012年重庆能源使用以非清洁能源为主。但这

种情况并没有一直持续下去，2021年使用洗精煤等能源所排放的二氧化碳不断下降，而天然气等能源使用量在不断增加，其他相对清洁的能源使用量也在不断提升。除能源结构不断优化外，重庆市能源利用效率也在不断提升，随着我市经济社会的不断发展，对能源的需求量也在不断增加，科学技术的进步助推我市在原煤、天然气等能源的使用效率上不断提升，使得能源碳排放强度不断下降。

党的十八大以来，以习近平同志为核心的党中央站在全局和战略的高度，对生态文明建设提出一系列新思想、新战略、新要求，重庆以前所未有的力度推进生态文明建设，生态环境领域改革向纵深推进，生态文明制度体系日臻完善，生态环境执法力度不断加大，生态环境质量持续好转，重庆市生态环境保护发生历史性、转折性、全局性变化，美丽重庆建设迈出坚实步伐。下图（图9-1）为重庆市二氧化碳总排放量，从图中数据可以看出，2012—2021年重庆市二氧化碳排放量呈现出不断下降的趋势，2012年重庆市二氧化碳排放量为130.96百万吨，2021年下降到98.85百万吨，下降了24.52%，这是我市全面贯彻落实碳达峰碳中和的重要成效。我市二氧化碳排放量不断下降的原因可能在于，科学技术水平的提升促使能源使用效率的提升，单位产量CO_2排放量不断下降，以及能源使

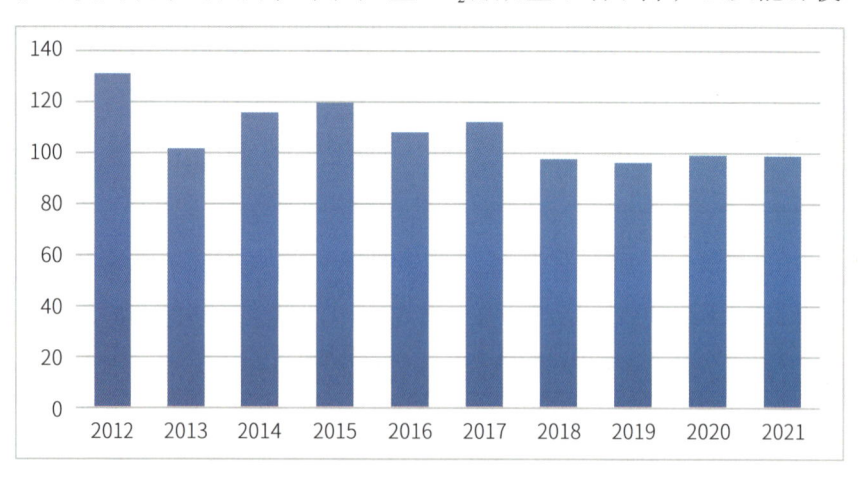

图9-1　2012—2021年重庆市CO_2排放量（单位：百万吨）

用结构正由以煤炭为主向多元化转变，能源结构调整取得了一定的成效。

下面对四个直辖市进行对比。本部分对北京、天津、上海的二氧化碳排放量进行了测算，测算结果如下图（图9-2）所示。从图中数据可以看出，党的十八大以来北京市二氧化碳排放总量最低，2012年北京市二氧化碳排放量为74.06百万吨，2020年达到最低点，二氧化碳排放量下降为49.75百万吨，2021年二氧化碳排放量虽然出现了略微增加，但相对于其他年份来说，仍然呈现出下降的趋势，二氧化碳排放量为53.83百万吨。不仅碳排放总量，北京在单位GDP碳排放量、人均碳排放量等方面，均优于其他三个直辖市，产生这种现象的原因在于：一是源于北京的产业结构，北京的产业结构以服务业为主，第三产业占比高达80%以上，产业结构使得北京能源消费总量仅出现小幅增长；二是污染治理、环境改善与降碳可以产生显著的协同效应，党的十八大以来，北京大力推动大气污染治理工作，推动产业结构优化和能源清洁转型，疏解非首都功能，降低燃煤量，基本"无煤化"，这一系列举措既改善了北京的空气质量，也有效控制了二氧化碳排放总量。2022年北京市人民政府办公厅发布了《北京市深入打好污染防治攻坚战2022年行动计划》的通知，要求切实控制温室气体排放，碳排放总量得到有效控制，碳排放强度出现同比下降。

天津的二氧化碳排放量要明显低于重庆和上海，2012年天津市二氧化碳排放量96.89百万吨，2013年下降为93.89百万吨。2021年出现持续下降，二氧化碳排放量下降为81.74百万吨，虽然天津碳排放总量较低，但天津单位GDP碳排放和人均碳排放量相对其他直辖市而言较高，这主要源于天津碳排放强度较大，产业结构不完善等原因。上海的二氧化碳排放总量在四个直辖市位居首位，2012年上海的二氧化碳排放量为133.29百万吨，2020年和2021年受疫情等多方面原因影响，上海的二氧化碳排放量下降为119.62百万吨。虽然上海的二氧化碳排放总量较其他三个直辖市大，但上海的工业增加值一路攀升，工业能源终端消费量却整体呈现在波动中下降的趋势，这很大程度表明上海的工业在完成结构升级与节能增效。

重庆市二氧化碳排放总量仅次于上海市，2012年重庆的二氧化碳排放量为130.96百万吨，2021年下降为98.85百万吨。重庆在二氧化碳排放总量和单位二氧化碳排放量等方面与"优等生"北京相比还存在较大的差距，但重庆的亮点主要在于，重庆常住人口多，人均二氧化碳排放量在四个直辖市中处于中上水平。另外从能源消费结构来看，虽然重庆市能源消费结构在不断完善，但与北京等城市相比，煤炭等非清洁能源的消费量占比仍然较大。重庆在"十四五"规划纲要中也提出，要不断深化能源供给侧结构性改革，优先发展清洁能源和可再生能源，加快推进外电入渝，增加市外清洁能源输入，挖掘市内可再生能源开发潜力。

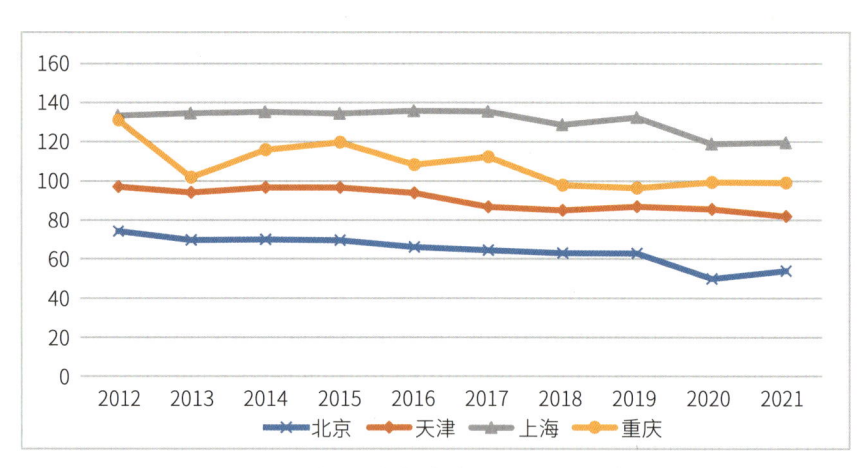

图9-2　2012—2021年四大直辖市CO_2排放量（单位：百万吨）

总之，推进我市碳达峰碳中和工作，是一项涉及面广、时间跨度长的重大工程，目前我市"双碳"工作成效显著，但还面临着碳达峰时间要求非常紧迫、产业绿色低碳转型压力巨大、能源消费结构调整困难重重等系列挑战，需要以战略眼光直面挑战、超前布局，系统谋划、整体推进，常抓不懈、久久为功，在满足当前经济增长需要的同时，确保碳达峰碳中和目标如期顺利实现。

三、亮点工作

（一）聚力打造"西部氢谷"

"双碳"战略背景下，氢能源成为未来能源技术革命和产业发展的一个重要方向。为贯彻落实习近平生态文明思想，实现"3060"双碳目标和经济高质量发展，正汇聚各方力量聚力打造"西部氢谷"。"西部氢谷"位于西部（重庆）科学城西彭组团，总规划面积约3平方公里，总投资超过200亿元，配套建设氢能科技孵化园、氢能智造产业园、氢能科技会馆和氢能智慧社区，将打造成国家级氢能源商用车生产基地、国家级氢燃料电池研发制造中心、国家氢能产业示范区以及能源结构调整优化和绿色发展转型示范区。目前，"西部氢谷"已集聚德国博世、庆铃汽车、国鸿氢能等头部企业，涵盖氢能源商用整车及燃料电池八大关键核心产品，形成了较为完整的氢燃料电池汽车配套体系。作为"成渝氢走廊"起点之一的九龙坡区，全区围绕氢能头部企业大力招商，依托博世、庆铃、国鸿氢能等企业建设了氢能科技产业园，大力推进综合能源站、氢燃料电池、氢能汽车等上下游产业齐头并进，一个面向成渝双城经济圈、辐射全国的千亿级"西部氢谷"已见雏形，截至2023年7月，已经落地2个重大项目，计划投资79亿元。区内智能网联新能源汽车产业规模增长迅速，6个智能网联新能源汽车重点项目达产产值627亿元。

成渝地区绿色可再生资源丰富，产业基础良好，两地密集出台了氢能产业规划及相关支持政策，两地紧抓成渝地区双城经济圈建设战略机遇，全力以赴推进氢能及燃料电池汽车产业发展，大力开展核心技术攻关，已形成氢能全产业链布局，聚集了氢气制储运加用上下游上百户企业及科研院所，其中不乏行业及细分领域龙头。川渝两地氢能及燃料电池汽车产业链上下游相关重点企业还组建了成渝氢走廊技术创新生态圈联盟、成渝氢走廊物流专线联盟，构建了成渝地区氢能产业大数据平台并签署战略合作协议，将进一步促进市场主体在氢能供给、氢能装备制造和氢能应用等产业链各领域的高效协同、技术创新及大数据监控，加快推动成渝氢走廊建设，带动成渝地区双城经济圈氢能及燃料电池汽车产业高质量发展。自2021年11月"成渝氢走廊"正式贯通到2023年7月，川渝两地已集聚氢燃料电池骑车整车及关键零部件相关企业61家，氢气制储运加环节企业48家，累计推广637辆氢燃料电池汽车。2023年上半年，重庆市4座加氢站累计销售车用氢气11.1万千克，同比增长849.3%，车用氢气的需求与日俱增。

工业副产氢是我国氢气的重要来源途径，为聚力打造西部氢谷，我市还加快工业副产氢综合利用。从全国范围来看，工业副产氢主要作为中间产物，参与化工企业的后续生产工艺，用于合成液氨、硝酸、尿素等产品，部分纯度较低的粗氢甚至直接用于燃烧提供热能。重庆市氯碱、合成氨、甲醇等天然气化工企业规模较大，化工副产氢资源相对丰富，回收利用这些工业副产氢，既能提高资源利用效能，改善大气环境，又能促进以氢燃料电池汽车为代表的氢能产业发展。重庆市持续加大工业副产氢的综合利用，截至2023年7月，共有12座燃料电池汽车加氢站和1座供氢母站试验项目通过选址确认并启动建设工作，已建成的有6座，氢气来源均为工业副产氢。2022年，重庆市车用氢气销售量4.56万千克，全年均保持

20%以上的环比增幅。2023年1—3月，已销售车用氢气4.12万千克，增速进一步加快。提纯后的工业副产氢，已广泛应用于我市物流、客运、市政、城市建设等场景，为多个领域实现碳达峰碳中和目标提供助力。

（二）加快推进清洁能源站点布局建设

液化天然气（LNG）作为可持续发展清洁能源，具有明显的环境效益及社会效益，是汽车的优质代用燃料。为深入贯彻党中央、国务院关于碳达峰碳中和决策部署，重庆市加快推进清洁能源站点布局建设，持续推动LNG等清洁能源基础设施和终端应用互促发展，"线下+线上"共规划布局近300座LNG加气站的供气网络。

按照"统一规划、合理布局、分步实施、保障供应、确保安全"的原则，印发了《加快推进LNG站点建设发展指导意见》《重庆市中心城区液化天然气（LNG）加气站规划修编（2021—2035年）》《重庆市高速公路LNG加气站布局规划修编（2022—2035年）》，规划布局中心城区60座、其他区县90座LNG加气站，并计划分两期推动79处共148座LNG加气站在高速公路沿线服务区实施。随着我国提出碳达峰碳中和的目标，重载卡车、船舶领域使用LNG等清洁燃料替代被写入国家能源发展规划。加快LNG站点布局，是重庆市车用能源多元布局、综合供应的发展方向。2022年，重庆市新投运LNG加气站25座，站点总数由2019年的12座快速增长至目前的53座，分布在27个区县，初步形成"城区—路网"站点网络。重庆市大力宣传车用LNG对柴油的替代，2022年度车用LNG年度销量达到7.5万吨，虽受到LNG价格持续高位运行等因素影响，同比增长仍达到25.6%。

目前，重庆市按照适度超前、布局合理、集约利用的原则，推动包含LNG加气功能在内的清洁能源站点建设投运，加快构建

LNG加气网络。大力支持利用现有加油加气站网络资源，通过增设功能的形式建设一批LNG加气站，节约土地资源、降低企业投资成本，促进多种能源协调发展。积极支持中国汽研及凯瑞特种车等检测单位和系统方案提供企业，加强市政、重卡、商砼、工矿等场景LNG车辆的研发推广，与成渝两地整车企业加强对接，做大做强我市配套产业集群。积极开展LNG推广应用，加强宣传推广，充分发挥LNG续航能力强、加气时间短、整车价格低的优势，与充换电、氢燃料电池汽车等新能源错位发展，形成以长输物流、工矿重卡、市政环卫等为重点的LNG汽车应用场景。

第十章

充分发挥绿色金融的功能作用

党的二十大报告提出"加快发展方式绿色转型"①，这是党中央立足全面建成社会主义现代化强国、实现第二个百年奋斗目标，以中国式现代化全面推进中华民族伟大复兴作出的重大战略部署。作为支撑绿色低碳发展的有力抓手，绿色金融已成为助力国家和地区绿色发展的重要工具。2023年中央金融工作会议提出做好五篇大文章，其中一篇大文章就是绿色金融。②作为全国唯一的省级全域绿色金融改革创新实验区，重庆全面贯彻新发展理念，充分发挥先行先试、示范带头作用，推动绿色金融逐步实现从理念到实践的跨越。本章从示范作用、资源配置作用、创新服务作用三个方面来探讨重庆绿色金融发展的实践举措。

一、全国唯一省级全域绿色金融改革创新试验区

（一）重庆绿色金融改革创新试验区的主要目标

1.绿色金融发展体系更加健全

在试验区基本建立组织多元、产品丰富、政策有力、市场运行安全高效的绿色金融体系。金融资源绿色化、低碳化配置畅通高效，绿色信贷、绿色债券规模加快增长，绿色金融标准体系完善，其他绿色金融产品、工具及服务模式创新不断涌现，绿色产业融资

---

① 习近平：《高举中国特色社会主义伟大旗帜　为全面建设社会主义现代化国家而团结奋斗——在中国共产党第二十次全国代表大会上的报告》，人民出版社2022年版，第50页。
② 《中央金融工作会议在北京举行》，人民日报2023年11月1日第1版。

环境逐步改善。

2.绿色金融支持绿色低碳发展更加有力

引导金融机构对绿色资产进行差异化定价，形成金融机构资产组合碳强度核算机制，引导金融机构资产组合碳强度符合"双碳"目标及"十四五"规划进度要求，加大绿色资产投放比例。加大绿色信贷投放力度，力争到2025年年末重庆市绿色贷款余额达到6000亿元以上，较2020年翻一番，年均增速保持20%以上；稳步提高全市绿色贷款占比，两江新区、万州区、渝中区、江北区、南岸区5个核心区域绿色贷款占比超15%；扩大绿色债券发行规模，加大对绿色低碳领域的发债支持力度，不断推动绿色债券的运用，到2025年，力争全市绿色债券发行规模较2020年翻两番，达到900亿元以上。①

3.绿色金融与绿色产业更加融合

贯彻国家绿色发展理念，参照国际通行绿色金融标准，识别重庆市主要产业部门绿色低碳转型的投资机遇，建设一批绿色低碳示范工程，推动形成开放、协同、高效的创新生态系统。建立可满足能源、建筑、交通、制造和农林等主要产业绿色低碳发展的投融资服务体系和配套激励机制，绿色低碳循环发展的生产体系、流通体系、消费体系初步形成。

4.绿色金融数字化基础设施更加完善

推动金融科技与绿色金融深度融合，将大数据、人工智能、区块链、云计算等金融科技手段与重庆市绿色金融发展紧密衔接，支

---

① 《重庆市人民政府办公厅关于印发重庆市建设绿色金融改革创新试验区实施细则的通知》，来源于：http://wap.cq.gov.cn/zwgk/zfxxgkml/szfwj/xzgfxwj/szfbgt/202302/t20230203_11565673.html，2023年2月3日。

持绿色金融数字化建设，实现高效便捷的统计、监管、创新、咨询、共享等绿色金融管理和服务。

5.绿色金融跨区域合作成效更加显著

以成渝共建西部金融中心为契机，紧抓绿色金融发展机遇，立足长江经济带，探索开展跨区域、跨流域的生态补偿机制，推动区域生态资源资本化转型；开展跨省际绿色金融合作，实现信息共享、生态共治；开展绿色金融国际合作，实现中新、中欧主要绿色金融标准、产品等一致化的实践应用。深化绿色"一带一路"合作，鼓励金融机构落实"一带一路"绿色投资原则（GIP），拓宽节能环保、清洁能源等领域技术装备和服务合作。

6.绿色金融服务碳达峰碳中和战略更加高效

通过发展绿色金融，加快推进全市产业结构转型升级，助力构建清洁高效的能源体系。到2025年，全市非化石能源消费比重提高至25%、单位地区生产总值能源消耗比2020年降低14%、单位地区生产总值二氧化碳排放下降率完成国家下达目标、森林覆盖率达到57%、森林蓄积量达到2.8亿立方米，力争碳排放强度持续下降，确保全市如期实现碳达峰碳中和目标，为金融助推长江经济带乃至全国经济绿色低碳发展树立典范。

（二）重庆绿色金融改革创新试验区的主要做法

1.建立健全试验区建设工作机制

一方面强化组织保障。重庆市政府第一时间成立建设绿色金融改革创新试验区工作领导小组（以下简称领导小组），领导小组设在人民银行重庆营业管理部，统筹谋划各项工作。出台《重庆市建设绿色金融改革创新试验区实施细则》（渝府办发〔2023〕13号，以下简称《实施细则》）。召开重庆市建设绿色金融改革创新试验区推进大会，推动11家全国性银行总部与市政府签署绿色金融战略合作协议，计划在"十四五"期间为全市绿色发展投资超6600亿元资金。另一方面强化专业推动。完善重庆市金融学会绿色金融专业委员会工作机制，创设10个专项工作组，深入开展案例评选、政策解读、理论探讨和业务交流。依托专项工作组，搭建绿色金融政银企融资对接常态化机制，2022年以来，累计组织召开60余场融资对接会，绿色项目签约金额超800亿元。"一区一策"构建"1+N"产融发展格局，其中，渝中区美丰银行旧址完成绿色低碳改造，重庆金融历史博物馆完成布展。

2.持续推进绿色金融数字化平台建设

"长江绿融通"绿色金融大数据综合服务系统（以下简称"长江绿融通"系统）初步成为重庆绿色金融改革创新的信息共享中心、安全连接中心、业务创新中心和监测评估中心。目前，系统已形成五大功能，实现绿色金融数据逐笔归集，便利信息深度挖掘；根据中欧共同目录等标准，运用人工智能实现绿色项目智能识别、环境效益测算和碳核算智能计算；实现绿色融资项目全流程跟踪对接；实现绿色货币政策工具精准投放；实现跨区域、跨部门和跨机构安全链接，共享分层次、分类别的绿色金融政策库、案例库、机构库、产品库、信用信息库。目前，系统已累计采集上线1900余个绿色项目信息，金融支持超1200亿元，建设经验及成果先后在人民银行研究工作会、绿色金融改革创新试验区第五次联席会议、中国金融学会绿色金融专业委员会年会交流发布。

3.绿色金融标准研究不断深入

2023年初以来，人民银行重庆营业管理部联合相关市级部门先后印发实施《重庆市林业碳汇预期收益权抵（质）押贷款业务指南（试行）》《重庆市绿色金融服务绿色汽车供应链指南（试行）》《重庆市排污权抵（质）押融资业务指南（试行）》《重庆市转型金融支持项目目录（2023年版）》等多项地方标准，并参与《碳排放权质押贷款业务服务流程指南》多项全国性标准研制。

4.完善绿色金融发展激励约束机制

一是开展货币政策工具支持绿色发展专项行动。推动碳减排支持工具、支持煤炭清洁高效利用再贷款、"绿易贷"再贷款、"绿票通"再贴现落地见效。二是加大财政政策激励。推动市财政局对碳减排贷款给予最高2‰财政补贴，50%的地区出台财政奖补政策。三是强化绿色金融考核评价力度。将金融机构评价结果纳入央行金融机构评级，并探索窗口指导、奖先评优等结果应用场景，并定期对区县政府开展考核评价。四是推进企业碳账户试点。成功开发基于碳减排支持工具的碳账户系统，逐步推进获得碳减排支持贷款的20余家企业开展试点，实时监测试点企业碳减排可计算指标数据，为监管部门评价验证企业碳减排效应、金融机构披露信息真实性、政策支持方向合规性提供数据支持。

5.创新绿色金融市场服务体系

一是绿色专营机构增多。发布授牌首批绿色金融组织17家，重庆市绿色金融专业服务能力持续提升。二是绿色信贷产品扩面。推出全国首单"碳配额理财融资业务""废旧电器回收基金补贴贷"等270余款绿色信贷产品。三是绿色债券增量。重庆农村商业银行发行西部首笔符合中欧共同分类标准的绿色金融债20亿元，重庆三峡银行成功发行两笔合计50亿元绿色金融债，募集资金主要投向清洁交通、清洁能源、生态保护和适应气候变化等绿色项目。四是绿色保险提"色"。推出新能源汽车保险、蔬菜种植保险、气象指数保险、柑橘种植保险等特色绿色保险产品逾50款。

6.深化绿色金融交流合作

发布年度《重庆绿色金融发展报告（2022）》、绿色金融创新十大案例和《重庆市建设绿色金融改革创新试验区工作月报》，及时推广绿色金融典型经验。在人民银行总行的指导和支持下，人民银行重庆营管部与中新管理局通力合作，促成中新绿色金融工作组第一次会议在重庆召开；承办第五届中新金融峰会绿色金融分论坛、首届西部国际碳中和技术成果博览会暨企业家高峰论坛。

二、充分发挥助力产业转型的资源配置作用

（一）重庆绿色金融数字化转型的路径探索

采取集中方式推进绿色金融数字基础设施建设，主要思路是"集中开发、统一管理、功能整合、全辖覆盖"。人民银行重庆营管部建立了"业务+技术"一体化研发团队，自主开发建设"长江绿融通"系统，成为重庆绿色金融改革创新的安全连接中心、业务创新中心和监测评估中心。

1.模块化设计，实现系统持续迭代升级

采用"组件模块化""功能服务化"和"业务流程化"的开放设计模式，将系统划分为多个相互联系、可独立运行的可复用功能模块，通过"小步快跑"方式迭代升级，实现根据业务需要快速叠加功能模块。系统设置绿色金融统计监测、绿色金融评价、绿色金

融融资、绿色专业服务、绿色金融信息共享、绿色金融支持工具箱等一级功能模块和二级功能模块，为推动绿色金融改革创新试验区建设提供强有力的支撑。①

2.运用人工智能技术，实现绿色项目智能化识别和环境效益测算

一方面，通过与商业银行和外部软件公司合作，开发设置绿色项目识别功能模块，嵌入《绿色贷款专项统计制度（2019年版）》《绿色融资统计制度（2020年版）》《绿色债券支持项目目录（2021年版）》，利用人工智能等现代技术对项目类贷款、流动资金类贷款等信贷业务进行智能化绿色信贷识别。另一方面设置环境效益测算功能模块，金融机构只需按照系统提示，输入相应参数（如项目年供电量、年供热量、供热煤耗等），即可计算出绿色项目相关标准煤节省量、二氧化碳减排量、氮氧化物削减量等减排指标。根据人民银行总行印发的《金融机构碳核算技术指南（试行）》，开发设置了碳核算功能模块，为金融机构分别提供金融机构自身、项目融资业务及非项目融资业务的碳减排核算。

3.统一标准，实现绿色金融数据共建共治共享

"长江绿融通"系统建立了数据接入标准，确保各方数据整合应用，汇聚绿色金融政策、绿色产业政策等公共服务信息，实现数据互联互通。截至2021年末，系统汇聚环境违法处罚信息、项目环境影响审批信息、竣工项目环境保护验收信息等公共服务信息近万条，发布支持绿色金融发展的财政政策、产业政策、金融政策及配套政策58条，及时发布超200个国际国内绿色金融优秀案例和71家金融机构的环境信息披露报告，展示金融机构绿色金融产品和服

---

① 中国人民银行重庆营业管理部课题组：《金融科技赋能绿色金融的重庆探索》，《中国金融》2022年第11期。

务180余项。系统建立通用开发平台和应用架构，可支持多个大数据平台应用。目前，重庆征信公司开发的碳账户数字平台正在对接"长江绿融通"系统，实现企业减排数据准确计量，为商业银行环境信息披露和人民银行碳减排支持工具提供有力的数据支撑。

4.搭建绿色融资平台，全流程跟踪项目对接

联合市级部门，建立绿色项目（企业）推荐制度，实现金融支持绿色项目（企业）全流程跟踪、监测和管理。"长江绿融通"系统设有来自市级部门、区县政府的绿色项目推荐库，也设有通过绿色识别的绿色信贷项目库、碳减排支持项目库。系统不定期向金融机构发布绿色融资需求信息，促进金融机构与绿色项目（企业）精准对接，实现政银企对接的信息化、在线化、常态化。同时，实时跟踪监测融资对接成果，实现融资对接及支持情况监测的清单化、精准化。

5.强化大数据归集处理，实现绿色金融深度挖掘

"长江绿融通"中包含数据汇总、数据校验、数据查询等多个功能模块。金融机构只需通过系统按月报送绿色信贷颗粒化数据，平台即可一键生成数据统计结果，精准分析监测资金投向的区域、产业、企业及具体项目。通过系统的大数据深度加工，实现绿色金融发展自动评价考核，对全市38个区县按月开展绿色金融发展评价；通过强大的自动化、智能化分析汇总功能，一键生成和发布数据监测报告，对各区县、各金融机构绿色金融发展情况进行精准画像，挖掘绿色金融创新发展的亮点、难点，提供政策激励数据支撑，推动绿色金融政策精准落地。

6.设置政策管理功能，实现政策工具精准支持

一方面对货币政策工具运用的全面监测。"长江绿融通"系统设置"碳减排支持工具""绿易贷""绿票通"功能模块,对符合碳减排支持工具、再贷款、再贴现要求的贷款台账、票据清单进行颗粒化数据跟踪监测分析,实现一键生成统计报表,提升货币政策工具操作效率。另一方面形成畅通的政策发布和信息反馈渠道。"长江绿融通"系统具备传递信息的公告功能和咨询问答功能,方便政策传导和情况反馈,为日常履职提供沟通工具。辖内各人民银行基层行和金融机构基层网点可随时查看,减少中间流程,缩短政策传导和反馈周期,打通政策传导"最后一公里",实现数据互联互通。①

(二)重庆绿色金融助力产业生态化转型的路径探索

1.金融服务制造业绿色转型升级

在两江新区先行先试,引导金融资源支持绿色工厂、绿色园区等绿色制造示范单位创建以及高效节能装备制造、先进环保装备制造、资源循环利用装备制造、新能源汽车和绿色船舶制造等产业发展,助力标杆企业提高效益、拓展市场、壮大规模,形成示范带动效应。实施金融服务产业园区绿色升级示范工程,支持绿色供应链、清洁能源替代、生产清洁改造、无害低排原辅材料替代、废气废物治理及资源化综合利用、零碳工业研发和示范、新型储能技术攻关和氢能关键技术研发、示范和规模化应用。鼓励大企业通过资本并购、产业联盟、联合技术攻关等方式带动中小企业开展绿色改造,支持供应链优势企业优先将绿色工厂纳入合格供应商、优先采购绿色产品,推动上下游、全行业绿色协同发展。制定绿色小微项

---

① 中国人民银行重庆营业管理部课题组:《金融科技赋能绿色金融的重庆探索》,《中国金融》2022年第11期。

目（企业）认定标准，推动绿色金融与普惠金融融合发展，培育一批"专精特新"中小企业和国家专精特新"小巨人"企业。

2.金融支持绿色建筑业

在两江新区和渝中区先行先试，重点支持绿色建筑、超低能耗建筑、装配式建筑开发与使用、城市绿色化更新，建立绿色建筑统一标识制度；推动绿色建材规模化应用和建筑材料循环利用；创新融资服务，支持建筑节能及绿色改造、可再生能源建筑应用、绿色建材生产与使用、区域集中供冷供暖设施建设、合同能源服务等；探索建立按市场化方式运作的发展基金，引导创业投资基金、产业投资基金、城市更新基金投向绿色建筑重点领域。在两江新区探索打造绿色生态示范区，在渝中区探索打造绿色低碳示范建筑范本。

3.金融支持绿色交通建设

在渝中区和江北区先行先试，引导金融资源流向智能绿色交通体系、城乡公共交通系统、绿色公路、绿色铁路、绿色港口、绿色货运、航电枢纽、共享交通设施以及新能源汽车充电、换电、加氢等配套基础设施建设和运营。

4.金融支持生态农林和生态旅游等生态产品的价值实现

积极研究金融政策，确保在不新增地方政府隐性债务的前提下，拓宽投融资渠道，开发适合的金融产品，为参与生态保护修复项目的社会资本提供中长期资金支持。实施山水林田湖草沙一体化保护修复，提升重点生态功能地区生态系统碳汇。支持化肥和农药减量增效，加强畜禽粪污、农作物秸秆资源化利用，促进农业减排固碳增效，引导金融支持循环农业、山地特色农业、农业产业园区、产业强镇以及产业集群建设、高标准农田建设、农业绿色技术创新，同时，加大金融对休闲农业、乡村旅游、生态旅游及农村电商等支持力度。在万州区和南岸区先行先试，探索开展生态农林碳汇、参与温室气体自愿减排交易、自然资源指标及产权交易等，支持打造长江"两岸青山·千里林带"。

三、充分发挥关键领域的创新服务作用

（一）推动碳金融市场发展

1. 引导金融机构开展碳足迹核算

银行业金融机构根据相关标准，完善绿色金融业务管理，建立健全绿色信贷环境效益测算方法和制度，推动环境效益外部性内部化，探索环境效益价值实现的可行路径，引导各类金融机构定期开展气候与环境信息披露，鼓励引进第三方中介机构开展碳核算服务。

2. 培育优化碳交易市场

以碳中和目标为依托，积极融入全国碳排放权交易市场，完善地方交易市场机制，丰富地方市场交易产品，完善自愿减排登记、确权、评估、核证等规则，着力完善个人碳账户信息系统，推动机构和个人参与碳金融市场交易，提升碳金融市场交易活跃度，健全碳排放报告和信息披露制度。建立健全碳金融体系，探索碳配额有偿分配制度，发展农林行业碳汇，探索碳资产质押、配额回购、配额拆借、核证自愿减排量置换等业务。鼓励金融机构和碳资产管理机构稳妥有序探索开展包括碳基金、碳资产质押贷款、碳保险等碳

金融服务。完善碳普惠机制，拓展碳普惠场景，建立健全能够体现碳汇价值的生态保护补偿机制，并推动普惠机制下沉至村域生态产业。拓展"碳惠通"平台功能，健全核证自愿减排机制。

3.建立企业碳账户体系

提升碳排放统计核算数字化、信息化水平，探索碳账户体系建设，逐步建立控排企业和获得碳减排贷款企业的碳账户，并将碳账户数据信息纳入"长江绿融通"系统。同时，行业主管部门根据相关标准从资源环境管理、能源消费结构、碳绩效三个维度对项目进行综合评分，人民银行重庆营业管理部依托"长江绿融通"对得分超60分的项目进行智能筛选，将合格项目纳入碳减排项目库，向全市银行机构实时推送，由银行抢单对接，并要求获贷企业向银行披露项目碳绩效水平。对符合条件的项目，给予碳减排支持工具等支持。2021年相关机制建立以来，碳减排项目库累计收集绿色交通等八大产业的碳减排项目584个，共获授信超过500亿元，放款370.5亿元。①

（二）推动绿色金融开放合作

1.推动中欧绿色金融合作

在碳排放计量和认证、零碳技术孵化与应用等方面加强与欧盟合作。做好产业链供应链碳排放管理，推动有条件的行业领域共享上下游碳排放、碳足迹等信息，促进全链条低碳脱碳。

---

①汪会敏：《重庆：绿色金融撬动绿色发展》，《金融博览》2023年第7期。

2.推动中新绿色金融合作

利用中新（重庆）战略性互联互通示范项目及西部陆海新通道优势，加强中新双方在绿色金融领域合作，研究推动重庆、新加坡的环境权益与绿色金融服务平台实现互联互通，探索低碳领域跨境合作有效途径。

3.鼓励开展绿色跨境投融资

探索绿色金融标准趋同实践，鼓励符合条件的企业赴境外发行绿色债券、申请绿色贷款，促进绿色金融资源跨境流动。争取国际金融机构支持绿色发展，争取多双边国际金融机构支持重庆绿色发展和应对气候变化能力建设。多领域、多渠道和多层次开展对外交流活动，促进绿色金融改革工作的经验交流与互动。

（三）推动成渝地区双城经济圈绿色金融发展

1.探索环境权益一体化交易机制

依法依规深化跨省市排污权、水权、林权等环境权益和资产交易，探索建立环境效益和生态价值市场化交易制度，建立健全初始分配、有偿使用、市场交易、纠纷解决、配套服务等制度，构建环境权益统一交易市场。协同开展森林、湿地等碳汇本底调查和碳储量评估；推动成渝碳普惠机制建设和互认对接，探索相互认可的核证减排量；建立健全成渝两地绿色低碳政策法规、市场机制、科技创新、财政金融、生态碳汇、标准建设等配套支撑制度。[①]

[①]《重庆市人民政府办公厅关于印发重庆市建设绿色金融改革创新试验区实施细则的通知》，来源于：http://wap.cq.gov.cn/zwgk/zfxxgkml/szfwj/xzgfxwj/szfbgt/202302/t20230203_11565673.html，2023年2月3日。

2.鼓励金融机构跨区域合作

按照国家统一的绿色金融标准体系,依托"长江绿融通"系统等,推动成渝地区绿色金融服务平台一体化建设,推进信息共享、生态共治,促进金融市场要素在成渝两地合理流动、高效聚集、优化配置。鼓励成渝地区的金融机构打破区域界限,通过创新提供同城化的对公、对私金融结算服务,取消跨界收费;推进融资抵(质)押品异地互认,建立联合授信机制,在依法合规和风险可控的前提下,鼓励信贷资源跨区域流动,支持跨区域绿色投资;提升跨区域移动支付服务绿色生活方式的水平,逐步实现在便民服务领域的广泛应用和互联互通。

3.引进国家和社会资本支持绿色发展

积极对接国家绿色发展基金、"一带一路"绿色股权投资基金等,支持成渝地区绿色发展。发挥政府投资引导作用,完善支持社会资本参与政策,鼓励国有企业加大绿色低碳投资。共同争取成渝地区双城经济圈纳入中央支持碳达峰政策重点支持区域,大力争取国家重大科技项目在成渝地区开展延展性研究和产业化应用。

第十一章

典型案例

近年来，重庆全市上下牢记习近平总书记的殷殷嘱托，深入贯彻落实习近平总书记对重庆生态文明建设作出的重要指示批示精神，深入践行绿水青山就是金山银山的理念，高质效建设美丽重庆，推动生态文明建设各领域取得了显著成效，很多具有重庆辨识度的工作实践得到了全市人民群众的赞扬，为美丽重庆建设打下了坚实基础。

一、数字赋能美丽重庆

习近平总书记在全国生态环境保护大会上强调，要"深化人工智能等数字技术应用，构建美丽中国数字化治理体系，建设绿色智慧的数字生态文明"[①]。数字重庆建设大会也提出，数字重庆建设就是运用数字化技术、数字化思维、数字化认知，把数字化、一体化、现代化贯穿到党的领导和经济、政治、文化、社会、生态文明建设全过程各方面。生态环境问题归根到底是经济发展方式问题。加快数字化绿色化协同转型，有利于建立健全绿色低碳循环发展经济体系。

（一）重庆生态环境治理数字化转型现状

2024年1月，中共中央、国务院发布关于全面推进美丽中国建设的意见。其中提出，实施生态环境信息化工程，加强数据资源集成共享和综合开发利用。环境大数据平台的建设是推进美丽中国建

---

①习近平：《以美丽中国建设全面推进人与自然和谐共生的现代化》，《求是》2024年第1期。

设的关键。2022年12月召开的重庆市委六届二次全会部署"推进生态环境保护科技创新和数字化转型",2023年重庆市政府工作报告要求"加快建设数字政府",重庆市生态环境局认真落实市委、市政府要求,把深化生态环境大数据平台建设作为推进生态环境数字化转型、构建现代环境治理体系的重要抓手,全面打造"1+5+N"生态环境大数据平台(一个大数据基座、五大综合管理系统、N个专项业务系统)。

重庆市生态环境保护局建立了持续集成生态环境大数据的资源底座。2018年以来至2023年初,建立35大类、294项生态环境数据资源目录,多渠道动态汇集数据65亿余条。其中,提供专题数据服务1900余项,市级部门共享数据3.4亿余条、川渝共享生态环境数据1700万余条,线上实时用户达5000余名。

强化生态环境数字化应用。大气方面,建成空气质量、目标任务、重点项目、督导问题"四清单"和大气专题"一张图",形成覆盖全市域的大气网格近8万个,智能识别大气问题近万个,提升了监管精准性、时效性。水方面,开设宏观决策、业务监管、基层执行3类服务,用大数据为流域治理"画像",通过550余个智能感知点,实时生成问题清单,助力水污染"早发现、早预警、早处置"。土壤和固废方面,建成用地土壤污染风险识别、预警推送监管体系,采集各类数据76万余条,对1.2万余家相关企业实现数字化监管。自然生态保护方面,依托遥感技术和无人机对全市2.04万平方公里生态保护红线、200余个自然保护地进行动态监管,助力严守生态保护红线。生态环保督察方面,以信息化手段调度推进中央生态环保督察、长江经济带生态环境警示片等重点问题整改,动态更新、精准调度,实现问题整改闭环管理。

（二）推进生态环境领域公共基础设施数字化、智能化升级

重庆市政府出台了《关于推进以县城为重要载体的城镇化建设的意见》，要求以数字化变革为牵引，推动区县城治理模式变革、治理方式重塑、治理能力提升，加快打造现代化数字强县（区）。

夯实区县城数字基础设施支撑。加快推进5G网络规模化部署和5G行业虚拟专网、高速光纤宽带网络建设，5G网络和千兆光纤网络基本实现全覆盖。加快推动IPv6规模部署和应用。加快推进市政、交通、水利、能源、生态环境等领域公共基础设施数字化、智能化升级，开展区域级城市信息模型（CIM）应用试点。共同打造全市统一的城市物联网平台。

建设高效协同的数字政府。强化党建统领的整体智治，构建党政机关综合集成、协同高效的数字工作体系。完善"渝快办"政务服务平台，推进市、区县两级政务服务数据融合共享，推动政务服务"一网通办"。升级完善和推广应用"渝快政"协同办公平台，推动政务办公"一网协同"，实现各区县全覆盖。搭建城市运行管理服务平台，推动城市运行管理"一网统管"，推进建成区数字化管理全覆盖。依托基层智治平台，加快基层应用场景建设。

构建普惠便捷的数字社会。加快建设智慧社区，发展智慧家庭和"数字+生活服务"，构筑全民畅享的数字生活新图景。实施一批数字民生普惠工程，运用数字化技术优化教育、医疗、就业、社保等公共服务资源配置，实现"一网通享"。优化"全渝通办"，构建用户全生命周期数字档案，推动办事环节精简和流程再造。推进"卡、码、证"融合贯通，推广"渝快码"，打造"一码通城"。围绕老年人、残疾人等特殊群体，推进信息无障碍建设。

（三）数字赋能重庆生态文明建设的典型案例

1. 重庆市广阳岛"智慧生态"新模式

重庆市委、市政府确定重庆广阳岛以"长江风景眼、重庆生态岛"为价值定位，打造习近平生态文明思想集中体现地，长江经济带绿色发展示范区，探索生态优先、绿色发展的创新模式。

（1）强化顶层设计，创新智慧生态理论

引入行业大咖智库，深化顶层设计。深入梳理区别于传统智慧城市、智慧园区的发展逻辑和建设路径，结合广阳岛项目建设实际和绿色发展战略定位，围绕生态智治、绿色发展、智慧体验、韧性安全四个方面，共创《广阳岛智慧生态顶层设计》，以实现高起点、高标准、高质量建设"智慧+生态"的广阳岛。

创新"智慧生态"理论，优化解决方案。立足"智慧生态化、生态智慧化"，创新性提出智慧生态"双基因融合、双螺旋发展"理论体系，通过打造 EIM（Ecology Information Modeling，生态信息模型）数字孪生平台，将生态系统要素数字化、在线化，并通过生态算法进行模拟、推演，给出最优化生态解决方案，进而实现以数据驱动生态规划、生态管理与生态服务，助力生态系统质量持续提升。

挖掘智慧生态价值，提升管理效能。在规划阶段，智慧生态系统强化对各类生态监测数据的关联分析和综合研判，实现多方案的智能比对和可视化分析、展示，为生态规划决策提供科学、专业的数据支撑；在管理阶段，智慧生态系统有效促进生态监管由人工化向自动化、智能化转变，监管内容由管面积、管红线、控末端向管功能、管成效、防源头转变，提升传统生态管理效能；在服务阶段，充分利用智能化手段开展生态教育、生态科普及生态旅游服务，促进民众切实体验、感受、了解生态，加速智慧生态广泛传播。

生态智慧化、智慧生态化
生态与智慧双基因融合、双螺旋发展

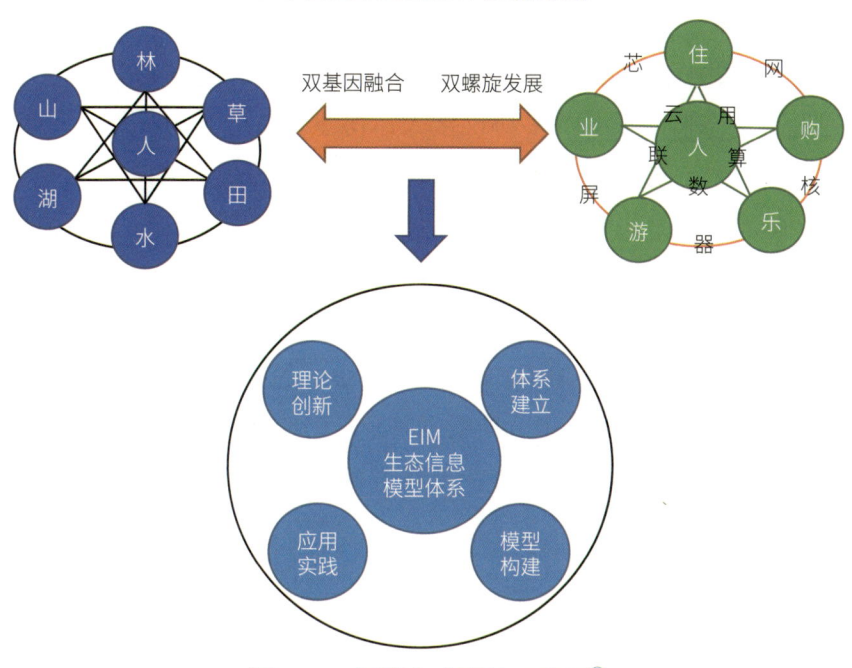

图 11-1 智慧生态理论示意图[①]

（2）融合前沿技术，搭建 EIM 数字孪生平台

基于 BIM、CIM、3DGIS 等技术融合，打造集物联中台、时空中台、数据中台于一体的 EIM 数字孪生平台，解决生态数据的实时性、一致性和可分析问题。实现生态空间数据、物联数据、业务数据等多源数据统一的管理、融合、调度、分发，提供基础功能服务，构建广阳岛的数字化底座，支撑智慧生态应用系统。

"时空中台"实现生态空间可视化。建立广阳岛"时空中台"，通过对天地空一体化监测设备所采集的山、水、林、田、湖、草等生态要素数据进行数字化、结构化，建立集地上、地面、地下于一

---

① 《重庆广阳岛：打造"智慧生态"新模式》，《中国建设信息化》2022年第21期。

体的，涵盖全域、全时、全要素的高精度、高仿真数字孪生模型，形成与实体生态空间同步孪生的数字生态空间，实现生态空间可视化。

"物联中台"实现监测数据在线化。建立广阳岛"物联中台"，通过对生态监测设备的多协议接入，构建智慧生态物联资源一张图，实现生态物联监测设备的全域接入、统筹管理与维护，确保物联数据实时汇聚共享，支撑岛内生态运行状况全域感知，生态系统健康状况动态评估，生态风险及时预防。

"数据中台"实现生态管理智能化。建立广阳岛"数据中台"，基于大数据技术整合EIM生态信息模型中的各项多源异构数据，实现集数据采集汇聚、多源异构数据管理、时空大数据分析、生态数据服务于一体的大数据平台，为整个智慧生态应用提供数据支撑服务。

中共中央、国务院发布的关于全面推进美丽中国建设的意见中指出，加快建立现代化生态环境监测体系，健全天空地海一体化监测网络，加强生态质量监督监测。EIM数字孪生平台的构建正是重庆实现现代化生态环境监测体系的代表案例。

（3）总结项目价值，促进智慧生态复制推广

目前，通过广阳岛的智慧生态建设，岛内生态系统的生态健康度提升15%以上，生境指数提升20%以上，生态价值指数提升6%以上；部分水体水质由Ⅳ类水提升到当前Ⅱ类水水平。基于生物监测识别，共监测到植物500种，鸟类监测数据由64种提升至191种。

同时，基于广阳岛智慧生态管理系统，创新性地开创了生态系统的智慧治理模式，有效降低了管理过程中的施工成本、人力成本、时间成本，极大地提高管理效率，全面提升岛内安全水平，实现岛内零安全事故、零污染事件发生。

未来，重庆将积极总结广阳岛项目经验，研制系列标准规范，

逐步形成可示范、可推广、可复制的智慧生态治理新模式。以广阳岛为起点，以小见大，推动智创生态城全面智慧化建设，并逐步辐射长江流域和全国，推动人与自然和谐发展。

2."巴渝治水"实现全市120条河流水环境智能监控

重庆地处长江上游和三峡库区腹心地带，是全国水资源战略储备库，是长江上游重要生态屏障。以重庆市九龙坡区为例，近两年来，区政府投入4000余万元打造数智平台，对九龙坡区内的水质概况、流域画像、入河排口、污染溯源、工作追踪等进行系统化监管。

九龙坡区生态环境局的数智平台与市局的"巴渝治水"大数据水环境管理大数据系统实现了有机链接。

"巴渝治水"水环境管理大数据系统通过580个智能感知点、2200位现场巡查用户、7000平方公里无人机巡河排查、8.2万平方公里的卫星遥感解译，构成"空—天—地"一体的数字水生态智能感知网，实现了全市120条河流水环境状况的智能监控，让问题1秒钟发现，1秒钟推送，1秒钟响应，最快8小时内整改销号，问题销号效率提高了80%。

此外，重庆建立了流域大数据"画像"指标体系，从水质量、水资源、水生态、水污染、水监管等多个维度刻画流域水环境的方方面面，开展流域大数据"画像"，根据数据特征，为每一条河流量身定制"数字化管水一张图"，提升大数据分析研判能力，实现水环境"可视""可查""可分析"，为环境要素感知、污染分析和精准溯源提供数据基础。

在追求提升水环境管理现代化水平的路上，重庆还建立了纵向联动、区域流域横向协同的矩阵式管理网，形成水环境管控力"五色"评价机制，建立水环境问题"发现—交办—跟踪—销号—评价"闭环管理流程，问题处理由原来的10天缩短为2天，效率提升

80%，有效提升流域上下游、左右岸联防联控能力。2022年，推动临江河、龙溪河、梁滩河等河流水质根本好转。去年，长江干流重庆段水质保持为优，74个国控断面水质优良比例达到98.6%、高于国家考核目标1.3个百分点，实现了"一江清水向东流"。

二、聚力打造成渝地区康养经济新标杆

"绿水青山"的基本含义是良好的自然生态系统，有典型的地带植被、正向演替的生态系统、强大的生态功能、良好的生态结构、优美的自然环境等内在要求；"金山银山"的基本含义是珍藏的财富即经济宝藏，有巨大的经济潜能、预期的经济效益、和谐的社会效益。

2020年，石柱县成功创建国家森林康养基地。石柱境内森林面积282万亩，拥有大风堡、万寿山、千野草场、广寒宫等国家4A级景区，毕兹卡绿宫、黄水药用植物园等3A级景区建立了森林康养基地体系，是全国唯一一个以县为单位的国家级森林康养基地。近年来，石柱县聚焦"全域康养、绿色崛起"发展主题，充分利用自身森林生态优势，大力培育森林康养产业，通过大力推动农业提质增效、工业提速扩量、旅游业提档升级、现代服务业加快发展等措施，努力打造成渝地区康养经济新标杆，加快建设全国生态康养胜地。

(一)"森林+农业" 生态康养为乡村振兴赋能

石柱县生态良好、林产丰富、森林覆盖率高，气候非常适合黄

连生长。近几年，石柱县依托林下资源，通过"公司+基地+合作社+农户"模式，因地制宜发展黄连林下经济，盘活林下产业，拓宽群众增收渠道，将"绿水青山"变成"金山银山"，为乡村振兴赋能添彩。截至2022年，石柱县共种植黄连5.8万亩左右，年均栽培和采收黄连1万亩左右，产量3000吨左右，产值近4亿元。全县黄连种植规模和产量约占全国的60%、全球的40%，是世界黄连的集散地和风向标。农民因林而富，乡村因林而兴。石柱县坚持把林下资源优势打造成推进乡村振兴的新引擎，大力推进黄连产业发展，石柱重点围绕产、加、销、研环节完善产业链条，以企业为龙头，带动黄连基地建设的同时，积极与重庆市中药研究院、高校等单位合作，在既有黄连香皂、黄连祛痘膏、黄连抑菌液、黄连牙膏等产品研发基础上，集汇国内外专家，进一步强化黄连精深加工研究及副产物开发利用，加速推进石柱康养经济高质量发展。截至2022年，石柱县累计引进培育市级龙头企业3家、县级龙头企业5家、GMP制药企业3家，年加工和销售黄连实现产值5亿元左右，黄连产业附加值不断提高，连农收益逐年增加。

近年来，石柱县聚焦"全域康养、绿色崛起"发展主题，以绿色为底色和引领，在保障粮食安全的前提下，全力打好乡村振兴、产业升级、绿色转型主动仗，大力发展以莼菜、黄连、辣椒为代表的"三色经济"，促进农业高质高效、乡村宜居宜业、农民富裕富足，助力石柱康养产业、康养经济快速发展取得成效。石柱县2023年上半年实现农业总产值16.71亿元，可比价增长8.2%；"三色经济"成效明显，成功创建国家道地药材基地、优质黄连示范种植基地、国家有机莼菜认证示范区，全县辣椒种植基地10万亩，并育成包括"石辣一号"在内的优质辣椒品种10多个；依托莼菜森林食品、土家美食等绿色生态食材资源，大力打造森林美食产品，通过林下经济的发展，大力培育黄连、天麻、黄精、竹笋、山羊、土鸡、中蜂等森林康养产品，荣获全国绿色小康县、服务精准扶贫国家林下经济及绿色产业示范基地。

下一步，石柱县将聚焦农业提质增效，把延链增效作为农业产业发展的突破口，做大做强黄连、辣椒、莼菜三大拳头产业，因地制宜发展特色种养业。着力延伸产业链、提升价值链、拓宽增收链，力争到2026年基本建成全市现代山地特色高效农业基地。

(二)"森林+工业" 产业康养为绿色经济提速

石柱县绿色生态工业支撑有力：截至2022年上半年，新培育专精特新企业9家，成功入库升规1家，规上工业企业总数达52家；10个项目建成投产，12家存量企业产值增速超过40%；上半年规上工业实现产值45.25亿元、同比增长11%。近年来，石柱始终秉承绿水青山就是金山银山的理念，持续推进产业转型，森林康养已经成为石柱绿色发展新名片，2020年，石柱县工业园区成功创建市级康养消费品建设基地。

石柱县拥有得天独厚的生态优势和资源禀赋，有机农产品和道地中药材优势突出。因此，石柱县突出康养为导向，立足现有产业优势基础，大力发展以农副产品精深加工为重点的康养消费品产业，筑牢绿色基石，强健"产业筋骨"，力争新增3—5家市级优质农产品和中药材精深加工示范企业，农产品加工规上企业稳定在20家以上，形成5个1亿元企业，2个2亿元企业，全力实现康养消费品产业规上工业产值20亿元，努力建成全市康养消费品产业示范基地。

石柱紧紧围绕稳转新集思路夯实工业产业体系，立足绿色和特色，大力推动以农副产品精深加工为重点的康养消费品、以绿色建材为重点的新型材料、以风电为重点的清洁能源、以汽摩零部件为重点的装备制造"四大生态工业产业集群"基本成形。之后，石柱将聚焦打造康养消费品、新型材料、清洁能源、装备制造四大产业集群，大力培育专精特新中小企业，加快建设全市康养消费品产业示范基地、全市清洁能源产业基地，力争到2026年基本建成全市绿色生态工业示范区。

(三)"森林+旅游" 文旅康养为幸福生活加码

石柱县充分利用独特的自然生态资源，深度挖掘旅游文化内涵，大力发展高山避暑、生态康养等产业。重庆市首批森林康养基地评选结果出炉，石柱大风堡森林景区、千野草场林草景区、万寿山森林景区、冷水风谷森林景区四地荣誉上榜。冷水风谷休闲度假营地，位于石柱县冷水镇、G50沪渝高速公路冷水服务区，海拔1443米，夏季均温20℃左右，是避暑纳凉、休闲度假的好去处。

据不完全统计，冷水·风谷休闲度假营地自2017年建成开园以来至2022年上半年，累计接待游客约60万人次，2021年接待约20万人次。运营过程中相继获得"中国高速第一自驾营地""重庆首届生态保护修复十大案例""重庆市森林康养基地""第二届重庆文旅新地标""全国旅游特色服务区""全国百佳服务区""全国首批、重庆唯一的4C级自驾车旅居车营地"等荣誉称号。

石柱紧紧围绕"全域康养、绿色崛起"，持续做优做靓现代服务业，围绕大黄水"三峡库心·长江盆景"等重点板块，加快推动实现全域游、四季游。深度挖掘冷水八龙村、黄水万胜坝社区等"中国美丽休闲乡村"优势资源，截至2022年上半年，打造高山避暑纳凉精品线路3条，丰富民宿、夜景等夏季旅游产品52个，年接待避暑游客860万人次。依托森林覆盖率62.7%自然资源优势，建成森林康养旅游景区12个，包括国家4A级旅游景区5个、3A级旅游景区3个，成功打造"黄水人家""森林人家"乡村旅游品牌。此外，充分利用全县优质中医药资源和生态旅游资源优势，全力推动中医药产业与旅游产业、农林产业融合发展，加快推进全国康养胜地建设。依托黄连原产地资源，在大黄水旅游沿线重要景区景点开发中医药特色旅游线路，促进生态旅游高质量发展。接下来，石柱将持续推动旅游业提档升级，全力打造城郊休闲康养旅游区、大黄水生态康养度假区、沿江文化康养旅游区、地质公园户外探秘康养旅游区"四大康养旅游度假区"，加快创建黄水国家级旅游度假区、万寿山国家5A级旅游景区，力争到2026年基本建成全国康养旅游消费目的地。

三、"小微湿地+"成为全国湿地生态保护样板

（一）梁平成功入选"国际湿地城市"

　　湿地是地球之肾，在维持生态平衡、保持生物多样性等方面起到重要作用。湿地保护是生态文明建设的重要内容，事关国家生态安全，事关经济社会可持续发展，事关中华民族子孙后代的生存福祉。中国为保护和修复湿地作出了巨大努力。2022年6月1日，《中华人民共和国湿地保护法》正式施行，这是中国首次专门针对湿地生态系统进行立法保护，将引领湿地保护工作全面进入法治化轨道。2022年也是中国加入《湿地公约》30周年，湿地保护的步伐更加坚定有力，美丽中国生态基础更加扎实。作为传统农业大区的梁平，如何贯彻好党中央关于湿地保护的决策部署，利用湿地资源、厚植绿水青山、释放生态红利，实现绿色转型发展，是不得不破解的核心命题。我们一方面将发展视野向外，用开放性的决策视野寻求生态转型的理论依据和智力支持。另一方面眼光向内，立足自身生态资源激活内生活力。

小微湿地是指全年或部分时间有水、面积在 8 hm² 以下的近海和海岸湿地、湖泊湿地、沼泽湿地、人工湿地及宽度 10m 以下、长度 5km 以下的河流湿地，可分为自然型及人工型两大类。小微湿地建设是立足生态本底和资源禀赋的决策思考与理性抉择。自然型小微湿地是自然演变形成的，主要包括小湖泊、河湾、池塘、沟渠、坑塘、季节性水塘、壶穴沼泽、春沼、湫洼、湿洼地、溪流、泉眼、丹霞湿地等。自然型小微湿地具有面积小、生物多样性丰富、梯度变化较大和环境变化反应敏感的特点。随着小微湿地的生态服务功能被更多的人认识，其保护、修复与利用也越来越受到地方政府的重视，各地区纷纷开展小微湿地的建设工作。

近年来，梁平深学笃用习近平生态文明思想，认真落实习近平总书记关于湿地保护的重要指示要求，全力实施"全域治水·湿地润城"，扎实做好湿地保护各项工作。截至2022年，现有湿地面积近2万公顷、湿地保护率52%，拥有双桂湖国家湿地公园、中国首批"森林氧吧"——明月山·百里竹海等绿色瑰宝。双桂湖国家湿地公园成为首批国家青少年自然教育绿色营地，上榜重庆最佳夜游线路首批推荐名单、2020年重庆市体育旅游精品线路、重庆市最美打卡地，成功入选"国际湿地城市"，是我国西南地区唯一获此殊荣的城市。

（二）双桂湖国家湿地公园

重庆梁平双桂湖国家湿地公园位于重庆市梁平区双桂街道都梁新区，东临体育馆，西连千明村，南至响水村，公园总面积349.97 hm²，湿地面积190.76hm²，湿地率为54.5%，湿地类型主要为河流湿地、沼泽湿地、库塘湿地、稻田湿地等，具有多功能、多形式、多维度的复合型湿地生态系统。

重庆梁平双桂湖国家湿地公园分为生态保育区、恢复重建区、合理利用区3个功能区。双桂湖国家湿地公园内共有脊椎动物277种，其中鸟类207种，包括青头潜鸭红头潜鸭、棉凫、鸳鸯等国家级重点保护动物。公园内共有高等维管植物623种，隶属132科，主要以禾本科、莎草科、蓼科、蝶形花科、蔷薇科和菊科等为优势科。

凭借浅丘地形特点，双桂湖国家湿地公园创新性营建了雨水花园、泡泡湿地、梯级小微湿地、竹林小微湿地、稻田湿地等环湖小微湿地群和带状城市小微湿地群近千亩，并将湿地元素与农耕、水利、历史、人文等文化元素有机结合，公园内湖、塘、溪流、稻田等湿地元素交错分布，生态序列分明，景观层次优美，构成了"山水林田湖草城"生命共同体的优美画卷。

（三）梁平区猎神村梯塘小微湿地

小微湿地的概念近几年才提出，对小微湿地的基础研究、设计、施工方法等尚无较为成熟的案例经验，同时也还没有相关建设的技术指南。因此，小微湿地的设计及实践探索就显得尤为重要。伴随着乡村振兴工作的开展，重庆梁平区政府在梁平竹山镇猎神村进行小微湿地示范工程建设，以此加快推进小微湿地的保护、修复及利用的探索，对于改善乡村生态环境质量及提升景观品质具有重要意义。本部分以梁平区猎神村的梯塘小微湿地为例，对小微湿地的设计和实践进行了初步探索，以期为小微湿地保护修复与可持续利用提供参考和借鉴。

竹山镇猎神村位于梁平区西部，地处明月山百里竹海景区腹地。竹山镇区域主要山脉为明月山脉，是典型的喀斯特地貌，属暖湿亚热带季风气候，镇域海拔600—1200m，年平均气温18°C。猎神村距离梁平城区29km，面积6.4km^2，辖4个村民小组，总人口450户1260人。全村森林面积533.33hm^2，其中成片竹林400hm^2，森林覆盖率84%，2019年人均纯收入26756元，是全国乡村治理示范村、市级乡村振兴综合试验示范村、市级智慧旅游示范村、市级文明村。

2019年3月开始梯塘小微湿地建设，施工前，场地杂乱，水质不佳，景观面貌差。建设完成以后，场地植物生长良好，水质得到较大改善，物种越来越丰富。目前所设计的山地梯塘小微湿地系统，塘内部水生生物群落内的不同类群之间、各生物类群与环境因子之间，已经构成稳定的小微湿地生态系统，发挥着良好的储蓄水分、控制雨洪、净化污染、调节微气候、提供生物栖息地等生态服务功能。

梯塘小微湿地建成以来，景观品质优良，山地梯塘小微湿地立体景观特色明显，为猎神村乡村生态旅游提供了优良的风景资源。通过水质监测分析，水体的自净能力逐步提升，水质逐渐变好，场地水质已达Ⅲ类水标准，为水生昆虫提供了良好的栖息环境。通过对场地的科学保护、修复和促进，逐步恢复生态功能，完善生态系统，为动植物提供良好的繁衍、栖息场所，从而提高了生物多样性，丰富湿地景观资源和当地生物多样性。此外，通过积极地招引和合理地引进等措施扩大动植物的种类和数量，也提高了场地生物多样性。后期监测数据表明，目前梯塘小微湿地内的水生无脊椎动物已达50余种。在梯塘小微湿地里种植具有经济利用价值的水生蔬菜，并搭建瓜果棚架，形成复合型湿地生产基地。同时通过让游客体验乡村生活，并参与农事、了解风土人情来拓展湿地农业观光产业，带动乡村民宿发展，全面提升乡村社会、经济及生态效益。

梁平猎神村山地小微湿地的设计与建设，创造了生态产业与湿地保护协同共生的山地湿地生态经济单元，丰富了动植物多样性，提升了乡村人居环境质量，并带动了周边乡村经济发展，真正实现了产业兴旺、生态宜居的目标，从而全面助推乡村振兴。中国拥有大量的山地区域，建设山地小微湿地，有利于山地水源涵养及水土保持，同时发挥调蓄洪水、净化水质、维持生物多样性、改善区域生态环境等重要生态服务功能。山地小微湿地的修复应与建设美丽中国相结合，探索乡村振兴的新模式，以保护和改善生态环境，促进生态文明建设。

四、气候资源经济转化

气候是自然生态系统中最活跃、最基础、最重要的因子之一，更是人类社会赖以生存和发展的基本条件。在全球气候日益变暖的严峻形势下，气候资源愈发显示出"不可复制、难以超越、无法替代"的稀缺价值，如何将气候资源转化为气候产品，是生态产品价值实现的一个全新课题。近年来，重庆市大力开展气候资源的监测评估、经济转化技术研究和开发利用服务，有力促进气候资源向农业、能源、旅游、康养、双碳等领域经济价值转化。

（一）重庆气候资源利用的进展情况

气候生态监测站网初具规模。截至2023年6月，重庆市已初步建成由12个负氧离子站、13个农业气象观测站、185个土壤水分站、70个农田小气候站、1个气象卫星地面接收站、21个旅游气象观测站、8个大气成分观测站、6个雷电观测站、4个酸雨观测站、14个太阳辐射观测站、7个紫外辐射观测站、1套地基遥感垂直观测系统、2个综合气象观测专项试验外场等组成的气候生态监测网。同时，成立了中国气象局温室气体及碳中和监测评估中心重庆分中心，在武隆仙女山建成重庆首个温室气体观测站，正在南川金佛山建设国家大气本底站，为助力重庆"双碳"战略提供支撑平台。

初步摸清山地气候资源精细化分布规律。基于气象、农业数据和农业气象精细化智能服务平台，开展了晚熟柑橘、榨菜、青花椒等山地特色作物种植气候区划和作物品种推广气候区划。基于风廓线雷达观测资料，研究了重庆风能资源的垂直分布特征和时空变化趋势。基于多源观测资料和数字高程模型，完成重庆起伏地形太阳辐射分布式模拟，进一步摸清了山区太阳能资源时空分布。基于精密气象观测站网，完成重庆建筑热工设计精细化（气候）分区，挖掘了具有冬季采暖节能和夏季制冷节能潜力的百名低碳小镇。基于重庆旅游气候资源普查成果、旅游气象扰动模型等资料和方法，开展了云海、冰雪、避暑和立体气候等旅游气候资源评估和区划。

气候生态监测评估科技攻关取得新进展。围绕山地气候资源开发利用需要，利用改进的地形适应插值算法和变分订正，基于数值模式和观测数据初步形成一套复杂山地区域精细化气象要素格点化技术体系，开展精细到百米空间尺度的气候分析。围绕韧性城市建设和精细化治理需要，利用国家级气候模式，探索建立精细到米级的气候环境分布模型，开展中心城区风、热环境特征分析。围绕水资源开发利用需要，利用三种卫星降水产品，结合地面气象观测站降水数据，评估了不同时间尺度（3小时、12小时、日、月、季、年）上卫星降水对三峡库区降水资源的反演精度；分析库区蓄水前后的局地降水资源变化。围绕绿色能源开发利用需要，利用气象站观测资料、遥感反演产品和数字高程模型，建立重庆起伏地形太阳辐射分布式模型，实现百米空间分辨率的太阳辐射、光伏发电项目年发电量和年发电收益精细化监测评估。围绕旅游资源开发利用需要，基于旅游气候资源评估分级指标完成重庆旅游气候资源普查、定级和评价，研制气候养生、气候旅游、空气清新等气候指数，开展重庆宜居宜业宜游生态气候评估。围绕双碳监测评估需要，基于中国气象局碳监测核查支持系统（CCMVS）数据产品，实现对重庆分区县和45公里空间分辨率的人为碳排放和自然碳通量监测评估。

气候生态科技创新平台建设稳步推进。推进西部（重庆）科学城气象科技创新中心建设，拟按"一个创新研究院、二个重大气象科学装置、三个重点实验室、四个科技创新平台"总体布局，打造具有全国影响力的气象科技创新高地。其中，中国气象局气候资源经济转化重点开放实验室顺利获批落地重庆，联合中国气象局发展与规划院挂牌组建，截至2023年6月，召开学术委员会1次，学术交流会议2次，立项21个研究课题，围绕农业、能源、旅游、康养、双碳等五大方向探索开展气候资源经济效益核算技术研究。

助力乡村振兴绿色发展取得新成效。完成不同特色作物最佳气候种植区区划，支持区县创建国家级及市级农业气候品牌，并产生了明显的社会、经济和生态效益；巫山脆李获评"中国气候好产品"后，到2022年销售单价增长53.3%，品牌价值增长了13.76亿元。根据高海拔贫困地区气候资源禀赋，在原深度贫困乡镇酉阳浪坪乡开展优质水稻气候适应性推广试验并取得成功，2018—2019年推广高山优质稻2560亩，全乡1020户农户增收728.8万元，该项技术还在18个深度贫困乡镇及重庆全市得到推广。通过地方政府抓气候生态品牌创建及推广宣传工作，对当地生态保护修复、生态环境质量改善、服务配套设施完善等方面起到积极作用，创建地区森林覆盖率平均提升5%—6%，盘活了当地生态气候资源，促进乡村振兴绿色发展。

助力城市高品质建设提供有力支撑。开展城市暴雨强度公式及设计暴雨雨型编制，为城市排水防涝规划设计提供支撑。截至2023年6月，开展两江四岸及广阳岛生态规划对局地气候影响、中心城区通风廊道规划设计、重庆大气环境质量安全底线划定、悦来会展城海绵城市建设热岛效应监测分析、中心城区通风廊道规划设计、重庆大气环境质量安全底线划定、小城镇微气候适应性评价、广阳岛生态规划对局地气候影响等51项重大工程气候可行性论证和88项社会出让地气候可行性评估工作，为城市生态环境提供气候影响评价服务。

助力节能减排发挥积极作用。研发电力保供智能气象服务技术，为迎峰度夏电力资源配置提供支撑。研发乡村太阳能资源监测评估产品，截至2023年6月，为石柱中益乡等18个原深度贫困乡镇发展村级光伏电站、屋顶光伏电站、太阳能路灯等太阳能资源利用提供了支撑服务。优化重庆建筑热工设计细化（气候）分区指标，支撑建筑领域碳减排。基于线性规划法和数值模拟开展了重庆经开区土地利用结构低碳优化和气候适应性优化。协助市生态环境局举办"首届西部国际碳中和技术成果博览会暨企业家高峰论坛"，积极融入重庆低碳城市、碳排放权交易、气候投融资等试点和"碳惠通"生态产品价值实现平台建设。

助力旅游康养产业发展方兴未艾。分类建立重庆冰雪、云海、桃花、红叶等旅游气象资源区划模型，推动因地制宜发展气象旅游经济。研发云海、星空、桃花、油菜花等气象旅游景观预报模型，联合文旅委开展旅游气象服务。完成避暑、康养、空气清新等气候潜力区区划，发布1项地方标准和2项团体标准，以万盛黑山镇为试点构建康养气候资源价值核算模型。成功创建21个国家级气候生态品牌、系列市级气候生态品牌，并在多种渠道广泛推介，铜梁、巫山、石柱入选2022年中国天然氧吧绿皮书"综合效益指数TOP20"，巫山、铜梁还入选"经济效益指数TOP10"。推动33个气象公园建设纳入重庆全域旅游发展规划、4个气象公园建设纳入2023—2025年度三峡后续项目库，实现气象资源与旅游有机融合。

(二)酉阳县:旅游气象带动全域旅游

地处渝东南边陲的重庆市酉阳县是湘鄂渝黔革命老区的重要组成部分,这片高山连绵、河谷纵横的区域,曾是国家集中连片特困地区。近年来,当地特色产业蓬勃发展,文旅农商深度融合,在这幅生态美、产业兴、百姓富、万家和的画卷中,也有气象部门的一份力量。

6月初的花田乡梯田蓄水充盈,层层叠叠的稻田与忙碌劳作的村民相映成趣。现在,气象、农业等部门专家组成水稻种植"智囊团",量身定制精细化气象服务产品,发布水稻病虫害防治、关键期田间管理、收晒等专题产品,并结合病虫害发展规模和天气趋势分析采取最佳防治措施,对水稻生育期全过程开展跟踪式、精细化气象服务。

在科技投入和促进农业增效上,气象部门持续发力。在核心种植区,建设水稻生产全程化监测实景系统,加大水稻生长模型科研投入,建成生产管理数字化应用服务平台;创建市级优质气候农产品品牌,帮助水稻进驻全国气象扶贫特产馆,逐步彰显气候资源品牌效应。2022年,农户自销稻谷价格达每斤4元、有机大米市场销售价格达每斤10—28元,"农户+村集体"入股管理模式让全村村民都分到了红利。县气象局还结合地区农业产业发展实际,制定了农业气象年度服务方案,针对青花椒、油茶、茶叶、羊肚菌等当地特色产业开展精细化服务,打造了"酉阳青花椒""酉阳油茶""酉阳贡米"等一系列市级优质气候农产品品牌。

2022年3月4日,县气象台与县文旅部门联合发布该县首个桃花花期预报服务产品,公布了桃花源景区、腴地乡、官清乡等地的桃花花期、最佳观赏时间及观赏指南,帮助游客适时赏花。当地文旅委数据显示,2022年赏花游客量比往年增加了30%,带动旅游收入增长五六百万元。

利用独特的气候资源，酉阳气象部门紧密结合全县生态文明建设和旅游发展战略，与县文旅委、旅投集团深度合作，共同推进"旅游＋气象"融合发展。围绕当地旅游行业服务需求，气象部门在森林公园、菖蒲盖等旅游景区建立了自动观测站、显示屏和预警大喇叭，安装负氧离子监测站，采集气象景观数据，精心开展了花期、消夏纳凉、星空等特色专项气象服务，制作酉阳气候旅游攻略，为旅游产业提供精细化服务；同时组织酉阳气象旅游资源评估，依托富集的气候生态资源建设美丽乡村，打造了一批独具特色的地区气候旅游品牌，做足了"山水"文章。酉阳已经获评全国首个"中国气候旅游县"，"应对气候变化·记录中国"活动走进酉阳，桃花源、龚滩景区和花田乡获评"首届中国（重庆）气候旅游目的地"，浪坪、花田乡获"重庆气候养生地"，车田、双泉乡获评"重庆气候清凉避暑地"，当地旅游经济已加上诸多"气象红利"。

五、生态环境修复及综合整治

《中共中央国务院关于全面推进美丽中国建设的意见》提出，要加快实施生态保护修复工程。重庆之"治"，不局限于治水，更是突出重庆特色，坚持系统思维，一体推进治气、治土、治废、治山、治水、治岸、治城、治乡、治塑，统筹高水平保护、高效能治理和高质量发展，努力为长江经济带发展和美丽中国建设作出新贡献。保护生态环境就是保护生产力，改善生态环境就是发展生产力。囊括9个"治"的重庆之"治"，是重庆迭代升级生态环境保护工作体系，以系统观念和数字化变革手段，深入推进生态环保整体智治的新思路、新要求。

（一）缙云山生态修复及综合整治

缙云山脉是重庆中心城区的天然生态屏障。在缙云山脉深处，缙云山保护区是我国亚热带常绿阔叶林类型生态系统保持最好的区域之一，有"植物物种基因库"的美誉。

缙云山山上是自然保护区，山下是城区，外围是缙云山国家级风景名胜区，"三区叠加"，在我国特大城市极为罕有。缙云山保护区划定前，北碚就有大量原住民生活其中，2018年6月前，保护区北碚范围内有居民点203个，共1599户、5113人。由于保护区内管控严格，道路、水电等基础设施相对滞后，群众生产生活受到限制，缙云山生态保护与原住民生产生活矛盾日益显现，不少村民违法搭建房屋用于租售、开办农家乐，不同程度存在乱搭乱建、蚕食林地的现象，甚至出现"违建—整治—再违建—再整治"的恶性循环，成为亟待解决的突出问题。

北碚区委、区政府在深入调查研究基础上，决定以缙云山综合整治为契机，探索推进缙云山国家级自然保护区生态搬迁试点改革，在彻底解决保护区生态环境破坏问题基础上，持续推动生态文旅产业加快发展，以生态效益反哺民生。2018年6月至2021年8月两年多时间，北碚区累计拆除各类建构筑物62万平方米，栽种乔木、灌木、草本植物等86种、77.4万株（棵），覆土复耕复绿42万平方米，恢复水域1.79万平方米，生态修复22万平方米，缙云山生态环境明显改观；探索推进缙云山国家级自然保护区生态搬迁试点改革，核心区、缓冲区实施生态搬迁203户、520人，引导实验区地质滑坡隐患和生态脆弱区域73户178人搬迁，同时深化集体利益联结机制，持续做好民生保障工作，确保拆除到位、修复到位、保护到位、保障到位，着力实现了搬得出、稳得住、能致富。从破解"求生态"还是"求生存"的两选一的单项选择题，到"跳出缙云看困局"，北碚区逐步走出一条"保生态"与"保民生"双赢的绿色发展之路。

（二）秀山聚焦锰污染综合整治

秀山县锰矿资源丰富，锰产业一度成为该县的重要经济支柱。然而粗放式发展导致锰污染，2019年第二轮中央生态环境保护督察组进驻重庆，指出秀山锰渣场污染等问题。近年来，秀山把锰行业污染综合整治作为一项重大政治任务、重大民生工程，聚焦锰渣场这个最大的难点和重点，执行淘汰最严标准，彻底切断锰污染源头。秀山县纪委监委把督促中央生态环境保护督察反馈问题整改、淘汰锰行业落后产能、锰污染生态修复作为一项政治任务切实跟进监督、精准监督、全程监督，以责任落实推动督察整改落地见效。

秀山县坚决淘汰落后产能控制污染增量。秀山县按照《重庆市加快淘汰锰行业落后产能工作方案》要求，制定出台1个淘汰退出总体实施方案，2个细化子方案，12个专项工作组实施方案，明确退出奖补、企业转型、职工安置、安全维稳等具体措施，平稳快速推进落后产能淘汰退出。突出矿、厂、场"三地"治理，加快推进设施设备拆除和遗留废物清理处置。截至2023年6月，全县29家锰矿开采企业、近140万吨锰矿开采落后产能，19家电解锰生产企业、超30万吨电解锰生产落后产能，已全部按期淘汰退出，201个矿山井口全部封闭。落实锰矿开采、电解锰企业退出资金7.33亿元。其中，奖补资金6.03亿元，采矿权价款返还1.30亿元。

聚焦锰渣场突出环境问题，坚持问题导向、结果导向。实施锰污染深度调查，全面摸清污染状况，查清每一个渣场地下水来源、通道及分布情况，编制完成1个总体治理方案和23个渣场"一场一策"治理方案，实施科学精准治污。依托国家专家组帮扶，推动制定《历史锰渣场环境风险管控技术指南》（试行），得到生态环境部、市生态环境局充分肯定。综合运用争取绿色发展资金、土壤资金、"以奖促治"等上级资金支持以及融资、债券、自筹等方式筹集解决锰污染治理资金。其中，锰渣场污染治理需资金9.3亿元，争取上级补助资金2.38亿元，剩余6.57亿元通过融资、债券筹集解决。组建国有环保公司，专门负责锰污染治理工作。由于秀山县历史遗留锰渣场数量多，地处喀斯特地貌山区，岩溶发育，地下水通道错综复杂，武陵等11个锰渣场存在地下水入渗通道，三角滩等4个渣场除地下水入渗通道外还存在侧向多点面状入渗，治理难度大，正采取地表水涵洞导排、帷幕灌浆、高压旋喷止水柱、侧向地下水导流和原位封场等综合措施实施整治；望明等4座渣场靠近河流，与地下水存在强烈水力联系，正在开展转场和清挖整治，整治工程量大，涉及转运工程量约200万 m^3，平均运距约40km，且锰渣遇水易软化，施工难度大。整治工作时间紧、任务重，整治人员倒排工期，打表推进。截至2023年6月，全县23个锰渣场，已完成整治的4个，正在整治的19个，2023年底前将全面完成整治任务。渗滤液收集处理由第三方运行维护，矿山矸石、矿渣整治及生态修复正加速推进。

秀山县在推进生态环境综合修复的基础上，加快全县经济高质量发展。秀山县设立4000万锰行业转型发展扶持风险补偿基金，发挥杠杆放大效应，扩大10倍总体授信。同时，在土地、税收、金融、投资、人才、服务保障等方面给予最大优惠，引导退出企业转型高质量发展。2022年3月，秀山市级高新区挂牌成立，突出现代中医药、食品加工两大主导产业，打造绿色产业集群。目前，入驻企业及商户4000余户。企业转型初见成效，有两家电解锰生产企业已华丽转型。当前，秀山县锰污染治理工作取得了阶段性成效。通过预测发现，全县23个渣场减少地下水入渗量80%以上；2022年，国控、市控断面水质稳定达标、城乡集中式饮用水水源地水质达标率100%；2022年，秀山实现地区生产总值358.21亿元，增长3.5%，连续4年进入百强县。

（三）渝北区铜锣山矿山公园生态修复

渝北区铜锣山矿山公园位于铜锣山脉重庆主城中心城区渝北区的中部玉峰山片区，处于重庆两江新区的中间部位，涉及石船镇、玉峰山镇、古路镇，核心区在石船镇的石壁村。所处地貌为铜锣山脉山脊槽口低丘，由南向北呈带状分布，面积25.19平方公里，海拔在512—718米，两侧山体森林覆盖率达80%。铜锣山渝北段的玉峰山片区，曾是渝北区最大的石灰岩矿区，自明清时期开始采石烧石灰，到上世纪60年代开始大量开采碎石，90年代达到顶峰，矿山企业一度多达上百家。长期无序的开采，造成严重的生态破坏，留下千疮百孔、难以割舍的深深伤痛：山体、植被、耕地遭受破坏，带来大量的水土流失，农房受到炮震破坏，粉尘弥漫随风飘散污染到重庆东北城区，国道319被超重车辆长期碾压破坏……环保问题、经济问题、社会问题，一时凸显出来。

根据市政府关于加强"四山"管制的要求，为保护主城"肺叶"，恢复生态环境，渝北区关停了铜锣山范围内的全部采矿企业。矿山关闭后遗留41处废弃矿坑，共计造成14.1平方公里生态破坏区域。这些矿坑南北绵延10余公里，呈"串珠状"镶嵌在铜锣山槽谷区域内，其中12个地面矿坑水体呈蓝色或紫色，水体绝壁环绕、碧水幽潭，景致迷人，具有极佳的观赏价值，是国内较为罕见的矿坑群遗迹。2015年，渝北区正式启动铜锣山矿山生态修复项目，因矿施策开展铜锣山矿山生态修复试点。

坚持顺应自然、系统修复，投资4500万元，对矿山公园核心区矿坑约400亩进行清危复绿。首先对主要坡面及其他地段边坡进行浮石清理，消除危岩和浮石造成的边坡掉块等安全隐患，为边坡复绿创造良好条件。在此基础上，通过矿坑周边山头覆绿、彩叶林种植，种植水土保持能力强的小型树种，在苗木间隙内播撒草籽方式等工程措施，恢复生态环境，促进水土保持，建立稳定生态系统。复垦改良，对坑底、堆土、废渣堆、加工场地等区域，通过覆土、削高填低等方式实行土地平整和复垦；对平整后的土地进行土质改良，然后种植相应作物，恢复治理区原有的生态环境。通过土地整治，恢复低效生产力耕地280亩，可用于种植各类经济作物，新增林地、园地等生态用地370亩，将逐渐产生经济社会效益。涵养水土，针对治理区的排水沟区域，出口处设置沉砂池，使得治理区排水畅通，减少水土流失。截至目前，已完成地质环境治理工程1—4期1875亩，正在实施5—7期1642亩，即将实施8—13期1500亩。通过生态恢复，裸露的岩石变成了翠绿的美景，与周边的生态环境相得益彰，有效改善了矿区生态环境，在修复的基础上进一步转化出"金山银山"的价值。

旅游服务为绿色发展助推提质。渝北区铜锣山矿山公园文化底蕴丰厚，是我国最具典型的石灰岩矿山遗址之一，拥有大量矿产地质遗迹、矿坑生产遗迹、矿业制品遗存、矿山社会生活遗迹；附近有关兴太平洞、石壁石刻、关口民俗老街等人文景观遗存，体现巴渝文化脉络。其周边有统景温泉、张关水溶洞、龙兴古镇、两江国际影视城等独具巴渝特色的生态文化旅游资源。与玉峰山森林公园相邻，森林覆盖率高达80%，被称为重庆主城绿色肺叶；年平均气温17℃，常年气温比市区气温低约5℃，全年冬无严寒，夏无酷暑，常年降水有62%在夜间，素来有"巴山夜雨"之称。渝北区铜锣山矿山公园按照国家5A级旅游景区标准建设，把矿山公园建设与矿山环境恢复治理、矿业遗迹保护紧密结合，以矿迹保护、生态修复为本，以奇幻景观为亮点，以沉浸式矿山旅游体验为特色，集科普体验、休闲游乐、生态健康为一体，打造成为集生态修复、科普教育、文化康养、休闲度假为一体的综合旅游项目，实现修复与改善矿区生态环境，达到环境效益、经济效益、社会效益的有机统一，成为我国旅游带动矿山环境治理的标杆。

乡村产业为绿色发展赋能增效。将生产和消费环节融入到乡村旅游产业链中，能够统筹推动乡村生态振兴和农村人居环境整治，针对每一个乡村自身资源优势，把主导产业融合到相关产业之中，衍生文化创意、文化休闲等特色产业，加速产业带动效应，初步构建美丽乡村旅游产业链：以现有水果种植为基础，结合自身环境优势和现代科学技术，增加传统农作物观赏性，提升旅游活力；因地制宜建设耕地认养园，提升土地利用价值。全力打造农业观光、休闲旅游、农副产品土特产一条街，引导本地村民进景区销售本地时令瓜果、畜禽产品、美食和民族特色手工艺品，满足游客需求，推进乡村振兴和全域旅游融合发展。同时，依托矿山公园对周边村镇的辐射作用，积极发展集体经济。石壁村成立生产互助农业股份合作社，实现农村资源变资产，资金变股金，农民变股东，将昔日455亩的荒坡地变成了机械化、智能化、信息化、绿色化为一体的高标准现代化果园，种植了奈李、红袍李等1.7万株，丰产期每亩产量可达2000斤，亩均产值超4万元。通过无偿提供农产品交易中心售卖农副产品（摊位32个以上）、开设农家乐、集体经济组织参与建设等多种方式，让生态价值转化为农户经济收益。渝北区铜锣山矿山公园已吸纳周边村民400余人就业和创业，人均增收约2万元，吃上了"生态饭"。

乡村治理为绿色发展保驾护航。在发展乡村旅游的过程中，石壁村积极探索乡村治理的新路径。大力推进农村人居环境整治，投入资金8000万元，加快铜锣山矿山公园片区农房整宗地收益权收储工作，营造干净整洁有序的旅游环境。截至目前，通过国有公司收储农房建设居民聚居区，集中安置约200户，让村民共享"生态红利"。在推动乡村振兴中，建立完善了党群服务中心、新时代文明实践站、村级综治中心、网格工作站、矛盾纠纷调解室等阵地，并在村聚居区广场内，建了一个融法治宣传和休闲娱乐等功能为一体的法治文化广场，让村民在休憩游玩的同时，接受通俗易懂的法治文化教育熏陶，提升乡村治理水平。

铜锣山矿山公园是渝北区在成功创建全国生态文明建设示范区和国家"两山"实践创新基地基础上，深入践行"两山论"、展示生态文明建设成果的生动典范。

（四）国家储备林建设

国家储备林建设是对绿水青山就是金山银山理念的有效实践，是增加森林生态系统碳储量的重要途径，对于助力乡村振兴以及碳中和有着重要意义。

重庆国家储备林项目是全国首个以省级为单位统一规划、以全产业链模式布局、央企与省级单位全面合作，并以市场化手段实施的国家储备林项目。截至2023年6月，国家储备林项目已覆盖重庆15个区县，签约面积达545万亩，经营林地面积达282万亩。

政策支持是重庆国家储备林建设快速推进的秘诀之一。国家林业和草原局同意将重庆国家储备林作为全国国家储备林建设样板打造，在林业工程项目资金及政策方面予以倾斜，并将重庆纳入全国科学绿化试点省市，批复同意中林集团以重庆林投公司为依托单位，建设国家林业草原国家储备林工程技术研究中心。重庆各级政府部门也纷纷出台支持国家储备林建设的政策文件，将国家储备林建设写入市政府工作报告，纳入市长百项重点关注项目以及深入实施成渝地区双城经济圈建设十大行动中。

在实施过程中，重庆国家储备林建设坚持"主责主业"，积极探索以农村"三变"改革为抓手，发挥政府主导、银行主推、企业主体、农民主力的作用。通过采取分年支付、一次性支付、合作经营等经营管理模式，规范推进林地资源聚集。通过制定一系列科学营林生产管理办法，打造营造林工程质量标准化、进度数字化、安全规范化的"三化"管理模式。截至2023年初，累计实施营造林85万亩，建设保障性苗圃5个，培育优质苗木1000余万株。

在国家储备林落地运营中，重庆强化"惠民富农"，助力乡村振兴，把长期的政策性资金导入经济困难地区和生态脆弱地区，探索出林地流转收益、就近就业务工、林木采伐分成、林业产业带动4条路径，实现巩固脱贫攻坚成果和乡村振兴有效衔接。截至2023年初，已累计支付林地流转和营造林务工费用13.66亿元，仅林地流转就带动项目区超20万户林农增收。

重庆还创新"储备林+N"建设思路，大力发展以储备林为载体的林业产业。启动南川区大观现代林业示范基地建设，打造山水林田湖草综合治理和国家储备林建设示范窗口，在奉节县南津村结合以工代赈实施"乡村振兴+储备林"康养文旅项目，在城口县开展天麻等中药材及饮品原料种植4000余亩，在酉阳县、合川区开展油茶、油橄榄基地建设1万余亩，在巫溪县推进老鹰茶产业项目建设。同时，以科技赋能传统林业，建设中林检验检测中心，开展木竹制品相关检验检测；推进国家储备林碳汇项目开发建设，林业碳汇迈出实质性步伐。

建设国家储备林，对于服务国家木材安全大局、精准提升森林质量、推动乡村振兴、促进林农增收意义重大。在深入践行习近平生态文明思想的背景下，国家储备林项目是实现生态优先、绿色发展"聚宝盆"，是绿水青山转化为金山银山的"孵化器"，同时也助力重庆市"双碳"目标的实现。

六、具有重庆辨识度的制度构建

（一）全面强化河长制

1.聚焦体系构建，管河治河由"九龙治水"到"河长主治"

一是"一河一长"全面覆盖。在全国率先建立双总河长制，市委书记、市长共同担任市级总河长，推行落实市、区县、乡镇（街道）三级"双总河长"制。市委、市政府、市人大常委会、市政协主要领导和全部市委常委、市政府副市长均任市级河流河长。同时，率先实行河长工作交接制度，采取签署离任交接清单等方式，确保河长在工作调整时所负责河流的管理保护工作无缝衔接、有序推进，并同步通过河长公示牌、政府门户网站公告河长信息，主动接受社会监督。

二是工作机构全面建立。设立市、区县、乡镇（街道）三级河长办公室，办公室主任由同级副总河长担任，河长制责任单位和牵头单位负责人作为办公室成员，并配备相应的工作人员，切实增强统筹协调和基层落实能力。同时，建立河流河长办公室，针对22条市级河流明确26个市级部门牵头负责相应河流的河长制工作，督促落实市级河长交办事项，各区县对照建立落实河流部门牵头机制。

2.聚焦责任压实，管河治河由"被动推进"到"主动担当"

一是完善制度强化保障。在全国率先颁布实施河长制地方法规《重庆市河长制条例》，市委、市政府印发《重庆市河长制工作规定》《重庆市全面强化河长制工作实施方案》，市双总河长签发《进一步强化河长履职尽责的实施意见》，形成了地方法规、党内法规双向监督，构建起"1（地方法规）+2（党内规范性文件）+N（配套制度）"制度体系，有效解决了河长"干什么""怎么干""干不好怎么办"等问题，实现河长履职制度化、规范化、法制化。

二是督查考核压实责任。市委、市政府将河长制实施纳入对区县党委政府经济社会发展业绩考核及市级党政机关目标管理绩效考核内容，考核结果作为各区县和市级有关部门单位年度考核评优的重要依据，压实属地责任和行业监管责任。探索实施对区县级及以下河长个人考核，将考核结果作为地方党政领导干部综合考核评价重要依据。在全国首创建立河长民主生活会述职制度，由市级河长带头，各级领导干部在班子民主生活会上对照检查履行河长责任情况，对检查出的问题实行清单化整改。严格落实河长责任追究制度，对河长制工作履职不到位的实施约谈、通报、问责，并将河长制实施纳入领导干部自然资源资产离任审计范围，加强监督问责。

三是表彰先进激励实干。市政府将河长制纳入督查激励范围，安排资金奖励河长制工作推进力度大、河流管理保护成效明显的区县。开展全市"最美河湖卫士"评选，举办最美人物发布晚会，宣传推广基层河长先进事迹。

3. 聚焦协作联动，管河治河由"各负其责"到"协同共治"

一是流域共治。深入落实长江流域省级河湖长联席会议、长江流域片河湖长制协作机制，与贵州、湖北、湖南等省毗邻地区签署相关协议，建立落实左右岸、上下游联动机制，共管跨省市河流。聚焦成渝地区双城经济圈水生态环境共建共保，重庆市与四川省互派工作人员组建川渝河长制联合推进办公室，签订《川渝两省市跨界河流联防联控合作协议》，发布《川渝跨界河流管理保护联合宣言》，在强化河流联合治理、夯实河湖管理保护基础工作等十个方面加强合作，积极推进川渝跨界联防联控联治。

二是部门合治。市委、市政府印发《重庆市全面推行河长制主要任务分解》，市双总河长每年签发《河长制工作要点》，将河长制六大任务细化落实到34个市级责任部门，形成河长制责任闭环和工作合力。各责任部门牵头开展不达标河流整治、黑臭水体整治、非法采砂打击等专项行动，坚持问题导向推进河流系统治理、综合治理、源头治理。

三是"五长"同治。实行"河长+检察长"，设立市、区县检察院派驻河长办检察联络室。实行"河长+警长"，设立市、区县、乡镇（街道）三级河库警长1000余名，重拳打击水域乱采、乱排、乱捕等违法行为。实行"河长+民间河长"，通过政府购买服务、设置公益岗位等方式，落实河道保洁员、巡河员、护河员1.6万余人，实行网格化管理，解决河流巡查保洁"最后一公里"问题。实行"河长+智慧河长"，建成市级统建、四级共用的重庆市"智慧河长"系统平台，完善5300余条河流基础信息，完成50平方公里以上510条河流河道划界、界桩界碑等数据的矢量化、数字化，初步实现河流管护"天上看、云端管、地上查、智慧治"目标。

4.聚焦突出问题，管河治河由"局部治污"到"系统管控"

一是全覆盖排查。各级各部门组织专班力量，采取常态巡查与暗访督查相结合、常规手段与新技术手段同步运用、关键行业与重点领域排查同步推进等多种方式。

二是常态化督导。建立市、区县、乡镇（街道）三级定期调度机制，市政府常务会议采取视频方式专题调度市级总河长令暗访发现问题，各级采取现场巡河交办、召开专题会议、印发工作通报等多种方式专题调度，发现、指出突出问题300余个，并督促整改到位，对落实河长制不力的追责曝光。

三是责任化整改。分类建立问题整改台账，做到定责任、定时限、定任务、定措施，实行动态管理、闭环处置、定期销号。针对跨领域、跨区域等复杂问题，加大沟通协调力度，形成整改合力，一大批群众反映强烈的突出问题得到妥善处置，河道乱占乱建全面遏制，长江干流规模性非法采砂基本绝迹。

5.聚焦系统治理，管河治河由"水岸同治"到"五水共治"

一是加强水资源保护。始终紧盯用水、分水、供水、管水等关键环节，全面实施"十四五"节水型社会规划建设，提速提质县域节水型社会达标建设，城市集中式饮用水水源地水质达标率保持100%，乡镇集中式饮用水水源地水质达标率达93%以上。

二是加强水域岸线管护。截至2022年底，完成河道管理范围划界岸线长度3.5万公里，全市40条重要河流9093公里岸线保留区和保护区比例达77%。整治河道"四乱"问题1700余个，整治非法码头187座，岸线整治成效明显。

三是加强水污染防治。到2022年底，全市城市污水管网建设改造长度较2016年提升5400余公里，城市、乡镇生活污水集中处理率分别达98%和85%以上，城市生活污水集中收集率达68%以上。化肥使用总量实现5年递减，农药使用总量实现连续10年递减，规模养殖场粪污综合利用率达到80%以上。

四是加强水环境治理。2022年底，城市建成区48段黑臭水体实现"长治久清"，成为全国首批20个黑臭水体治理示范城市之一。龙河丰都段成功创建全国示范河湖，荣昌荣峰河荣获全国"最美家乡河"称号，临江河纳入首批7条全国幸福河湖建设试点、西部唯一，25条市级示范河流建设全面启动实施。长江干流重庆段水质稳定保持在Ⅱ类，全市纳入国家考核的74个国考断面水质优良比例达98.6%。

五是加强水生态修复。推进长江、嘉陵江、乌江等流域国土绿化和森林资源保护，截至2022年底，营造林地2920万亩，退耕还林475万亩，全市森林覆盖率达到55.04%。严格落实长江流域重点水域"十年禁渔"措施，增殖放流鱼类种苗超1亿尾。

（二）有力落实林长制

1.落实林长制有举措

一是林长制试点达到预期目标。2017年12月启动试点，2019年扩大试点至14个区县和重庆高新区（中心城区"四山"、三峡库区、大巴山、大娄山、武陵山等重点区域），创新书记、市长"双总林长"制，发布总林长令等工作举措。2020年，以"林长制"促"林长治"，市委书记、市长亲任全市"总林长"，落实各级林长4885人、网格护林员8246人，建立完善市、区（县）、乡镇（街道）、村（社区）"四级林长+网格护林员"责任体系。运用"智慧林长"云平台提升管山护林效能，发现并及时处置各类问题。

二是"4+1"林长制责任体系全面建立。2021年，在全面总结试点经验基础上，对标对表中央要求，以市委办公厅、市政府办公厅名义印发《关于全面推行林长制的实施意见》，并经市总林长签发实施重庆市第1号总林长令《关于在全市开展森林资源乱侵占、乱搭建、乱采挖、乱捕食等"四乱"突出问题专项整治行动的决定》，累计清理排查"四乱"问题1937件，已立案查处1435件、完成整改1259件。建立起由市委书记、市长担任全市总林长，7名市委、市政府领导分任副总林长和中心城区"四山"市级林长的市级林长构架，带动搭建起886名区县级林长、5555名乡镇级林长、12804名村级林长和48397名基层网格护林员共同参与的"4+1"林长制责任体系。全年各级林长累计巡林18.3万人次。制定林长巡林等八项林长制工作制度，全市林长制工作全面规范展开。

三是全面推行林长制。2022年，持续巩固提升"双总林长"林长制工作体系，全市总林长先后16次召开总林长会议和相关专题会议研究林长制重点工作，共同签发市总林长令（第2号），带头深入林区、一线巡林调研、现场指挥，带动有关市领导和各级林长巡林超100万人次，推动解决森林资源保护管理、森林防火等问题困难。深入开展森林资源"四乱"突出问题专项整治，累计排查整改突出问题3214件。两位总林长共同签发林长制督查考核实施细则，市政府将林长制纳入对区县经济社会发展业绩考核和政府督查激励事项。2023年以来，两位总林长率先垂范，带头参加义务植树并调研巡林，召开市委常委会（扩大）会议等专题研究部署林长制工作，签发意见进一步明确市级林长人选条件及责任区域、各级林长职责及主要任务等。袁家军书记多次就林长制督查考核、森林山地防火、发布新总林长令、建立完善总林长令闭环落实机制、发展壮大林业特色产业等林长制重点工作作出批示指示并督促落实，为全市林长制推深做实、争先创优指明方向、坚定信心。

2.落实林长制有成效

通过各方努力，重庆市已经全面构建市、区县、乡镇、村"四级林长"+网格护林员的林长制责任体系，落实各级林长近1.9万人、护林员4.6万余人，"一村一牌"设置林长公示牌10545块，各级林长巡林累计160万余人次。全市森林覆盖率从2017年试点时的46.3%提高到2022年的55.04%。其中，探索以森林覆盖率为指标的横向生态补偿机制被中办、国办纳入《关于建立健全生态产品价值实现机制的意见》，中央改革办编发专报《重庆四项机制推动森林生态"量值"齐增》对重庆林长制相关做法给予充分肯定，云阳县获首批国务院林长制督查激励，梁平区获西南地区唯一"国际湿地城市"称号，涪陵区、北碚区、大足区、梁平区等四个区县2022年获评"国家森林城市"。

（三）健全生态环境司法保护机制

1.建立"严厉打击+生态赔偿+生态修复"多元治理机制

一是严打击。把"从严适用"作为《长江保护法》实施的基本理念，综合运用刑事、民事、行政、公益诉讼等司法手段，依法从严惩处各类环境污染、生态破坏违法犯罪行为，做到执法必严、违法必究，形成有力震慑。二是重赔偿。加大适用环境侵权惩罚性赔偿和罚金力度，参考《土壤污染防治法》设立省级土壤污染防治基金的模式，设立市级生态环境修复基金，规定赔偿费用、罚金缴纳至统一的基金账户，并建立基金管理制度。三是强修复。践行恢复性司法理念，扩大生态环境司法保护、修复基地规模，将生态修复情况作为定罪量刑的重要参考因素，引导责任人采用"认购碳汇"大气修复、"补种复绿"林木修复、"增殖放流"江河修复等方式主动修复受损生态环境。

2.建立"生态法院+生态检察院+生态鉴定所"专业裁判机制

一是以长江生态法院推动司法机构专门化。借鉴两江地区（铁路运输）检察院模式，成立长江生态法院，专门办理涉长江流域重大疑难复杂及跨行政区生态环境案件，实现刑事、民事、行政、公益诉讼案件"四合一"归口审理，进一步统一裁判尺度。二是以长江生态法官制度推动司法人员专业化。借鉴长江生态检察官集中履行破坏环境资源保护犯罪刑事检察、破坏环境资源刑事附带民事公益诉讼检察和民事行政检察职能制度，探索建立长江生态法官制度，整合办案力量，实行环境资源案件一体化集中办案模式。三是以专家库建设促进生态专家选聘用制度化。参照仲裁员公开选聘制度，分专业类别建立重庆生态环保专家共享库，公开专家信息及擅长领域，根据环境资源案件具体类别，随机抽取确立办案专家辅助人。

3. 建立"生态观察员+公开听证+以案说法"公众参与机制

一是拓宽违法行为发现渠道。采取基层村社网格管理模式，设置网格生态观察员，构建"定区域、定人员、定责任"的全流域网格化管理机制，建立有奖举报制度，让保护者收益、让破坏者受罚，破解长江流域治理点多面广监管难题。二是增加公开听证覆盖人群。在《人民检察院审查案件听证工作规定》的基础上，扩大听证人员范围，除人大代表、政协委员、人民监督员以外，注重邀请案件所在地有关单位工作人员、村社干部、普通群众参加审查案件听证，确保公众知情权、参与权、监督权。三是创新法治宣传教育形式。充分利用网络等新媒体深入开展环保法规宣传教育，结合具体个案，采取"码上"送法进乡村等群众喜闻乐见的方式，还原基本案情，说清违法后果，加强警示教育，推动《长江保护法》深入人心，实现"办理一案、治理一片、造福一方"的效果。

4. 建立"长江保护法+地方性法规+规范性文件"法规配套机制

一是全面清理梳理配套法规的空白点、矛盾点。《长江保护法》中需要制定配套规定的条文共有20条，涉及待新制定和修改完善的配套法规等30余项。可由市人大常委会牵头，对照《长江保护法》查找立法漏项，全面清理重庆现行法规、规章、规范性文件不符合《长江保护法》的内容，并研究提出立法计划。二是分步推进，分门别类完善相关制度机制。首先，由市人大常委会对清理发现的不符合《长江保护法》的法规、规章，及时组织开展修废工作。其次，由市政府制定《长江保护法》实施办法，对需要制定的配套规定拟制任务清单，明确责任部门、完成时限等。最后，对需要省际协同的立法项目，先制定规范性文件，待条件成熟后再上升为法规、规章。三是系统集成，坚持"一支多干"确保配套法规合理自洽。坚持法制统一原则，采取"准法典化"形式，对重庆涉《长江保护法》的法规、规章、规范性文件进行全面审查并整理成册，确保符合上位法规定，防止衔接不畅，形成完备的长江流域（重庆）生态环境保护法规体系。

5.建立"公检法司环+双城经济圈+上中下全域"分层联动机制

一是市域部门联动。重庆市生态环境局、市公安局、市高法院、市检察院进一步加强生态环境保护执法、刑事司法、公益诉讼等联动制度设计，建立健全信息共享、联席会议、专项联合执法、案件移送、重大案件会商督办和案件双向咨询等制度，在条件成熟时上升为地方立法，强化司法联动制度刚性。二是重点区域联动。把长江流域生态环境司法保护纳入成渝地区双城经济圈建设重要内容，推进长江干流、共通支流保护协同立法工作，加大成渝边界非法捕鱼、非法采砂、非法倾倒等联合执法力度，协作办理跨区域生态环保案件。加强跨界生态司法修复基地建设，探索建立上游生态环境案件赔偿金、罚金下游共享机制，破解"上游污染、下游买单"难题。三是全流域联动。完善长江流域专门司法裁判机构设置，以海事、铁路等专门法院、检察院为基础，探索在重要流域城市设置流域司法机构，积极推动由最高法设立全流域巡回法庭，或指定现有巡回法庭对长江全流域的重要案件实行专门管辖，打造涵盖长江流域各地各部门的生态环境信息资源共享平台，构建与《长江保护法》相配套适应的全流域司法保护机制。

6.建立"执法检查+专题报告+听取审议"评价监督机制

一是全覆盖执法检查。由重庆市人大常委会牵头，组织各区县人大加大法律监督力度，对政府、司法机关贯彻实施《长江保护法》、开展生态环境保护和修复工作等情况进行督查、作出评价、公开通报。二是分年度专题报告。建立专题报告制度，确定年度保护主题、重点专题，每年在《长江保护法》正式实施之日前后，由市、区县人大听取县级以上政府、法院、检察院关于长江流域重庆段生态环境保护工作情况的专题报告。三是常态化听取审议。注重发挥人大代表监督职责，把贯彻实施《长江保护法》、生态环境保护和修复等工作情况纳入一府两院工作报告内容，并在人代会上听取人大代表审议意见。

后　记

《新时代美丽中国建设的重庆实践》系中共重庆市委宣传部组织编写的"新思想领航新重庆"丛书中的一册。该书围绕贯彻落实习近平生态文明思想，从理论和实践相结合的视角对重庆市推动美丽中国建设走深走实进行了内涵上的深入分析和外延上的细致推理。

全书写作分工如下：孙凌宇教授负责全书提纲、统稿、前言、后记以及第一章至第五章的撰写；刘娟副教授、蔡礼辉博士、郑悠博士三人的工作量相当，共同撰写了六、七、九、十、十一章的内容，中共重庆市委党校政治经济学专业硕士生靳家钰同学撰写了第八章的内容。必须要说明的是，在成书的过程中，得到了中共重庆市委党校《领导视窗》编辑部、重庆市发展和改革委员会、重庆市生态环境局、重庆市林业局、重庆市规划和自然资源局等单位的鼎力支持，提供了很多较为详实的案例，本书的典型案例部分就是对案例的再归纳和再整理。

由于我们团队的视野还不够宽广、知识仍较为欠缺、对生态文明建设的理解也较为肤浅、对重庆典型实践做法的认知不够深刻等情况，加之作者平时工作较忙，无论是理论阐释方面，还是实践案例的叙述方面，本书难免会有错漏之处，敬请方家指正！

特别感谢中共重庆市委宣传部、重庆市社科联对我们团队的信任和大力支持，感谢市内外有关方面、专家学者对我们研究工作的帮助，感谢本书编辑李茜老师，她认真细致地校稿，使本书避免了我们团队的粗心带来的一些失误，同时也衷心感谢重庆出版集团为本书的顺利出版付出的辛劳！

2023年12月于重庆